Vorwort

Liebe Schülerin, lieber Schüler,

wenn du dir den folgenden Text durchliest, wirst du dich in deinem **Cahier d'activités** schnell und selbständig zurechtfinden.

Dieses Heft soll dich zu vielerlei sprachlicher Aktivität anregen. Mit einer Fülle von **unterschiedlichen Übungen** kannst du das im Unterricht Gelernte schriftlich üben und vertiefen.

In jeder Lektion findest du **Hör-** und/oder **Leseverstehensübungen** *(Ecouter et comprendre, Lire et comprendre).*

Am Ende einer jeden Lektion findest du Übungen zur **Selbstkontrolle**. Sie heißen **Auto-contrôle.** Sie überprüfen in knapper Form vor allem die Grammatikkenntnisse der jeweiligen Lektion. Natürlich dienen sie auch zur Vorbereitung von Klassenarbeiten. Die **Lösungen** zu diesen Übungen findest du **am Ende des Heftes auf Seite 95, 96.**

Im **Annexe** (am Ende des Heftes) findest du Übungsseiten, die dir Gelegenheit geben mit einer Partnerin/einem Partner auf Französisch Gespräche zu führen. Ihr könnt euch dabei gleichzeitig kontrollieren.
Diese Seiten kannst du zum besseren Üben auch heraustrennen.

Du findest dort:

Tandembögen: Sie werden in der Mitte längs gefaltet. Du stellst Fragen an deine Partnerin/deinen Partner und kontrollierst deren/dessen Antworten mit Hilfe der Lösungen.

Kombi-Tandembögen: Mit diesen Bögen stellt ihr euch gegenseitig Fragen und kontrolliert euch auch gegenseitig.

Partnerbögen: Es gibt jeweils einen A-Bogen und einen B-Bogen.
Auf dem A-Bogen stehen Informationen, die auf dem B-Bogen ausgespart sind und umgekehrt. Es geht darum, die fehlenden Informationen von deiner Partnerin/deinem Partner zu erfragen.

Zum Schluss solltest du dir noch die Bedeutung der folgenden Zeichen einprägen, die häufig im Heft auftauchen.

(§§) Die bei den Übungen genannten Paragraphen verweisen auf das Grammatische Beiheft.

▶ Zeichen zum Umblättern: Die Übung wird auf der folgenden Seite fortgesetzt.

* Die mit diesem Zeichen versehenen Wörter werden in einer Fußnote erklärt.

1, 2 Falls die Fußnote umfangreicher ist, werden die Wörter durchnummeriert.

A vous Dieser Ausdruck bedeutet: „Ihr seid dran." Bei Übungen mit dieser Angabe kannst du deiner Fantasie freien Lauf lassen und selbst kleine Texte verfassen oder aus eigener Perspektive berichten.

Am Anfang der Übung weist das Symbol darauf hin, dass der Text auf der Lehrerkassette/-CD zu hören ist.

✔ Zeichen für Selbstkontrollübung

Viel Spaß beim Üben mit diesem Heft!

Euer Cours intensif-Team

1 **Bon courage.** [bõkuraʒ] *hier:* Gutes Gelingen!

Leçon 1

A Marc … les copains et les copines!

1 Voilà les copains et les copines

► Regardez les photos et complétez. (Schaut euch die Fotos an und ergänzt.)

1. C'est *Frédéric*. Il habite *rue des Cévennes*.

_____ aime _____________________________.

_____ est _____________________________ «Avalanche».

2. C'est _____________ . _____________________ la Martinique.

Elle _____________ la mer et l'_____________.

Elle aime aussi la danse et la musique, surtout _____________.

3. _____________ . _____ aime _____________________________

____.

Et _____________ beaucoup _____________________.

4. _____________________ . _____________________

Saint-Charles. _____________________________

____.

5. ____

____

____.

2 En français, en allemand[1]

a ► In diesem Bandwurmsatz sind 10 französische Wörter versteckt, die im Deutschen und im Französischen sehr ähnlich sind. Kreist sie ein.

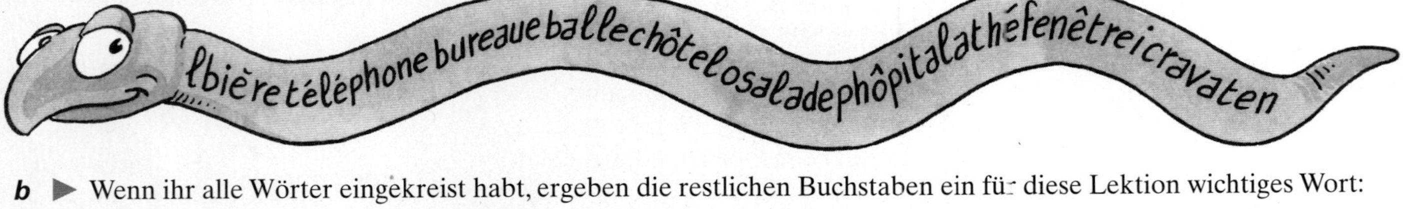

b ► Wenn ihr alle Wörter eingekreist habt, ergeben die restlichen Buchstaben ein für diese Lektion wichtiges Wort:

____

Ex. 2: 1 **en allemand** [ãnalmã] auf Deutsch

c ▶ Schreibt diese Wörter neben die deutschen Wörter in die Tabelle und unterstreicht die Buchstaben, in denen sich die französischen Wörter vom Deutschen unterscheiden.
Welche Schriftzeichen kommen nur im Französischen vor? ____________________

d ▶ Ihr hört die Wörter nun von der Lehrerkassette mit dem bestimmten Artikel. Tragt ihn in die Tabelle ein.

allemand	français	
das Fenster	la	fenêtre
der Tee		
die Krawatte		
das Hotel		
das Bier		
das Büro		
das Hospital		
das Telefon		
der Ball		
der Salat		

3 Moi, j'aime … *(§ 1)*

▶ In dem Zahlenrätsel sind 10 Hobbys oder Vorlieben versteckt. Findet sie heraus und tragt sie in die folgenden Zeilen ein. (Vergesst dabei die Akzente nicht.) Fügt den bestimmten Artikel hinzu.

1 = M
2 = U
3 = S
4 = I
5 = Q
6 = E
7 = C
8 = T
9 = R
10 = D

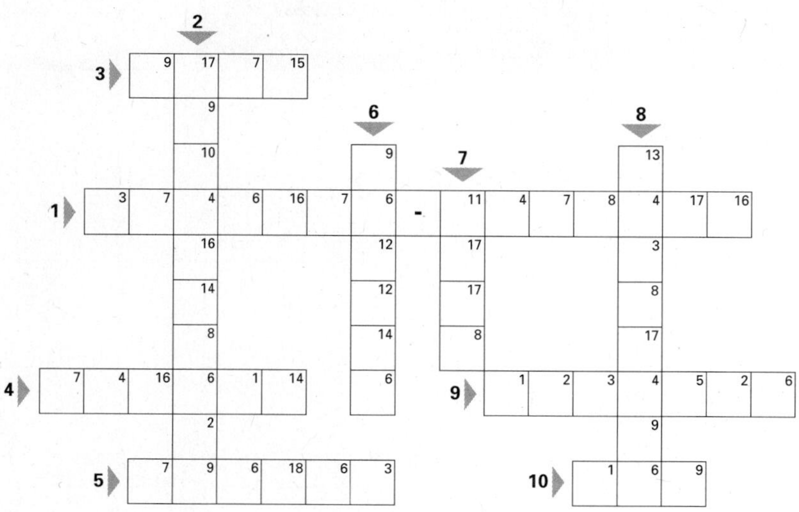

11 = ____
12 = ____
13 = ____
14 = ____
15 = ____
16 = ____
17 = ____
18 = ____

1. ______________________________
2. ____________ 5. ____________ 8. ____________
3. ____________ 6. ____________ 9. ____________
4. ____________ 7. ____________ 10. ____________

B C'est la rentrée.

4 Le verbe «être» (§ 3)

a ▶ Trouvez les formes du verbe *être* et ajoutez les pronoms sujets.
(Findet die Formen von *être* und fügt die Subjektpronomen hinzu.)

________________ ➪ s __ __ __ __ s

________________ ➪ s __ __ s

________________ ➪ s __ __ __

________________ ➪ __ __ __ s

________________ ➪ __ s __

________________ ➪ __ s

b ▶ Regardez les images et complétez.

c ▶ Stellt die Personen vor.

① Il ________________ de Lille.

② ________________ de Lyon.

③ ________________________________ Nice.

④ ________________________________ .

5 Trouvez les mots[1]. (§ 2)

▶ Complétez. Ajoutez aussi l'article indéfini.

1. ________ gr __ __ p __
2. ________ s __ l __ es
3. ________ bag __ __ __ te
4. ________ cop __ __ n
5. ________ musi __ __ __
6. ________ ru __ __
7. ________ __ ist __ __ re
8. ________ n __ __ velle
9. ________ cin __ ma
10. ________ cr __ p __ __

Ex. 4: 1 **Lille** [lil], **Lyon** [ljõ], **Nice** [nis] *franz. Städte*
Ex. 5: 1 **un mot** [ɛ̃mo] ein Wort

6 *Tiens, voilà ...* (§§ 1,2)

► Complétez. Ajoutez l'article défini ou l'article indéfini.

1. – Voilà Olivier. Et voilà ____ ordinateur d'Olivier.
   – Oh, c'est ______ ordinateur super.
   Tu aimes ______ pains au chocolat, Olivier?
   – Oui. Pourquoi?
   – Tiens! Voilà _____ pain au chocolat.
   – Merci!

2. – Qui est-ce?
   – Olivier et Frédéric, _______ copains!
   – Et _____ fille, qui est-ce?
   – Euh, c'est Aurélie, _______ copine.
   – C'est _______ rue de Paris?
   – Mais non, c'est ______ boulevard.
   C'est _____ boulevard Saint-Germain[1].
   Les copains sont devant[2] _____ cinéma Danton[3].

7 *Salut!*

a In der Pause trifft Carole Marc, den sie noch nicht kennen gelernt hat. Die beiden unterhalten sich. Später kommt noch eine weitere Mitschülerin hinzu.
► Erstellt den Dialog, indem ihr die Sätze in die richtige Reihenfolge bringt und den Gesprächspartnern zuordnet.

Oui. J'habite rue Balard. Olivier aussi. Et toi?

Salut, je **m**'appelle Carole.

Moi, j'habite rue des Cévennes.

Oui. Je suis la nouvelle. Tu es un copain d'Olivier?

Et moi, je suis Marc. Tu es en 3eF?

Tiens! Moi aussi, j'habite rue des Cévennes.

1. ____
2. ____
3. ____
4. ____
5. ____
6. ____

b ► Schreibt die fett gedruckten Buchstaben hintereinander. Wie heißt der dritte Gesprächspartner? C'est ___ ___ ___ ___ ___ ___ .
(1 2 3 4 5 6)

Ex. 6: 1 **Saint Germain** [sɛ̃ʒɛrmɛ̃] – 2 **devant** vor – 3 **Danton** [dɑ̃tõ]

8 *Des questions*[1] *(§ 4)*

▶ Trouvez la question.

1. ______________________? – C'est Olivier, un copain.

2. Salut, Marc. ______________________? – Ça va bien, merci.

3. ______________________? – Nous sommes de Paris.

4. ______________________? – Elle habite rue Balard.

9 *Bonjour/Au revoir*

▶ Regardez les images et écrivez les phrases dans les bulles. (… und schreibt die Sätze in die Sprechblasen.)

– Oui, ça va bien. Merci.

– Au revoir, les filles!

– Non! Ça va mal …

– Salut!

– Au revoir, madame!

– Bonjour. Ça va?

– Salut, Florence. Ça va?

10 *Aurélie et Paris*

▶ Faites des phrases.

1. Aurélie/à Paris/mais/est/elle habite/de la Martinique/maintenant ______________________

____

2. «Aurélie/Paris/tu aimes?»

____

3. «Paris/Oui/j'aime/non merci/le stress/mais»

____

4. «et/A Paris/les cinémas/j'adore/les boulevards»

____

5. «les rues/beaucoup/dans/J'aime/la musique»

____

Ex. 8: 1 **une question** [ykɛstjõ] eine Frage

11 En français

> Bei den „En français"-Übungen gebt ihr den Inhalt der deutschen Sätze auf Französisch wieder.
> Dabei kommt es nicht auf die wörtliche Übersetzung an. Unterschiedliche Lösungen sind möglich.

Carole möchte Florence zum Kino abholen. Christine[1], die jüngere Schwester von Florence, öffnet die Tür.

► Faites les dialogues.

1. Carole begrüßt Christine und sagt, dass sie eine Freundin von Florence ist. — *Salut, je suis* ______________________

2. Christine begrüßt Carole. Sie sagt, wie sie heißt. Dann fragt sie,wie Carole heißt. ______________________

3. Carole stellt sich ihr vor. ______________________

4. Florence kommt zur Tür, begrüßt Carole und fragt, wie es ihr geht. ______________________

5. Carole antwortet, dass es ihr gut geht. ______________________

6. Florence stellt ihrer Mutter Carole vor. Sie sagt, dass Carole auch in der 3[e]F ist und dass sie die neue Schülerin ist. ______________________

7. Die Mutter begrüßt Carole. ______________________

8. Carole begrüßt auch die Mutter. ______________________

9. Die Mutter möchte wissen, wo Carole wohnt. ______________________

10. Carole sagt es ihr. ______________________

11. Die Mutter fragt, ob sie gerne ins Kino geht (= das Kino mag). ______________________

12. Carole bejaht. Sie mag Kino sehr. ______________________

13. Florence schlägt Carole vor jetzt loszugehen. ______________________

14. Florence und Carole verabschieden sich von Christine und der Mutter. ______________________

Ex. 11: 1 **Christine** [kristin] *weibl. Vorname*

12 *Cherchez l'intrus*[1].

► Welches Wort passt in der Aussprache nicht zu den anderen?

[ɑ̃]	[ʒ]	[s]	[z]
Français	le collège	la leçon	ça sonne
Florence	je suis	la danse	vous êtes
copain	le pain au chocolat	le cinéma	mademoiselle
comment	bonjour	la musique	les ordinateurs

13 ✔ *Auto-contrôle*[1] *(§§ 1,2,3)*

Am Ende jeder Lektion findet ihr in diesem *Cahier d'activités* eine Trainingseinheit **Auto-contrôle**.
Sie bietet euch die Möglichkeit **selbst zu überprüfen**, was ihr könnt. Die Lösungen findet ihr auf Seite 95.

► Ajoutez les verbes et les articles.

1. Sophie, Aurélie et Frédéric __________ en salle de musique.

   Voilà _____ prof de musique. C'est _____ nouvelle …

2. *La prof:* Bonjour! Je ____________________ Mme Martin. Vous __________ en 3^{e}F?
3. *Frédéric:* Oui. Moi, je __________ Frédéric. Et voilà Sophie et Aurélie, __________ copines.
4. *La prof:* Et … tu __________ _______ musique, Frédéric?
5. *Sophie:* Il __________ surtout ______ rock! Frédéric et moi, nous _______________ dans ______

   groupe de rock. C'__________ _____ groupe «Avalanche».

6. *Aurélie:* Et moi, j'__________ _____ mer et ____ vagues: c'__________ aussi __________ musique super!

14 *Tiens, voilà Gaston Lagaffe*[1].

© Franquin / Ed. DUPUIS

Ex. 12: 1 **Cherchez l'intrus.** [ʃɛrʃelɛ̃try] Sucht den Eindringling.
Ex. 13: 1 **Auto-contrôle** [otokõtrol] Selbstkontrolle
Ex. 14: 1 **Gaston Lagaffe** [gastõlagaf] *ist eine bekannte französische Comic-Figur.*

Leçon 2

A «Pourquoi pas» ... Pourquoi pas?

1 Des chiffres et des mots (§ 5)

1	2	3	4	5	6	7	8	9	10	11	12	13	14	15	16	17	18	19	20
R	C	G	B	A	S	O	T	J	E	N	H	D	X	L	P	I	M	Y	U

a ▶ Faites des mots avec les chiffres.
Ecrivez les mots dans les cases.
(Schreibt die Wörter in die Kästchen.)

Exemple: neuf = 9 = J

1. neuf / sept / vingt / un / onze / cinq / quinze
2. un / dix / seize / sept / un / huit / cinq / trois / dix
3. huit / dix / quatorze / huit / dix

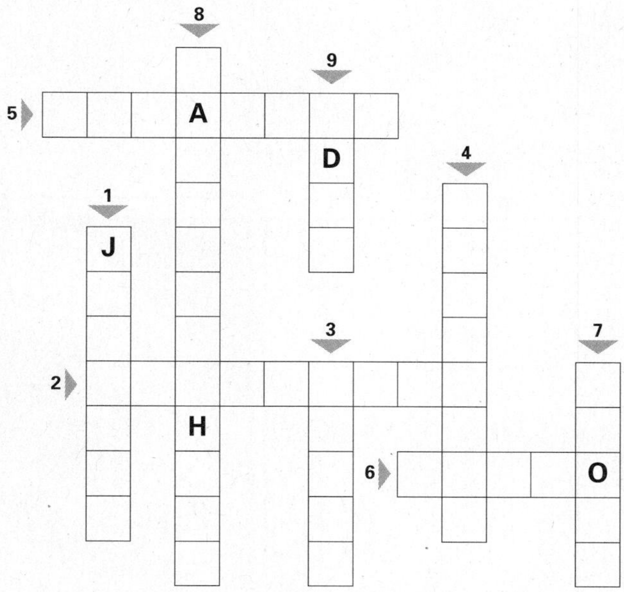

b ▶ Trouvez les mots. Complétez les chiffres.
Ecrivez les mots dans les cases.

4. deux/cinq/six/ six/ ____________________

5. cinq/seize/ ____________________

6. six/huit/ ____________________

c ▶ Sucht drei weitere Substantive aus dem Wortfeld „Journalismus" und tragt sie in das Kreuzworträtsel (7 – 9) ein.

d ▶ Complétez avec les neuf mots. Ajoutez aussi les articles.

1. Le journal «Pourquoi pas» prépare ____________________ sur le quartier Balard.
2. Le rendez-vous pour ____________________ est à 14 heures. Vite, vite!
3. Dans le sac d'Elodie[1], il y a ____________________ avec trois ou quatre ____________________.
4. Il y a aussi ____________________ et un bloc[2].
5. Mais elle cherche encore ____________________ photo pour les ____________________. Oh là là, le stress!
6. Mais Elodie a ____________________ super pour ____________________ sur le groupe «Avalanche».

Ex. 1: 1 **Elodie** [elodi] *weibl. Vorname* – 2 **un bloc** [ɛ̃blɔk] ein Notizblock

2 Le verbe «avoir» *(§ 6)*

► Complétez les dialogues avec les formes du verbe *avoir* et les pronoms sujets.

3 Ecoutez.

a ► Ecoutez le texte de la cassette. Complétez les mots qui manquent dans le texte de votre cahier. Ecrivez les chiffres en toutes lettres. (Ergänzt die fehlenden Wörter in eurem Heft. Schreibt die Zahlen aus.)

1. Dans le groupe «Avalanche», il y a ________________.

   Le rendez-vous pour le groupe est mercredi à ________________.

2. En 3ᵉ F, il y a ________________. Ils ont cours dans ________________.

3. Carole a ________________ super pour le reportage.

   Aujourd'hui, elle visite le quartier Balard avec ________________.

4. Les journalistes de «Pourquoi pas» ont ________________ pour le reportage.

   En salle 5, il y a ________________ pour les textes.

5. Mme Rocher a ________________.

   Aujourd'hui, elle fait ________________ de maths en 3ᵉ F.

b ► Ecoutez le texte encore une fois et marquez les liaisons. (... noch einmal und markiert die Bindungen.)

B Vite, vite, une photo!

4 Sur le pont de l'Aquaboulevard (§ 8)

► Faites des phrases. Conjuguez les verbes. (Konjugiert die Verben.)

1. Carole – rencontrer – Frédéric – sur – pont – Aquaboulevard.

   ____.

2. Ils – discuter – des activités – jeunes.

   ____.

3. *Frédéric:* Tu – aimer – aussi – rock?

   ____?

4. *Carole*: Ah oui! J' – écouter – souvent – cassettes.

   ____.

5. *Frédéric:* Olivier et moi – nous – regarder – souvent – BD.

   ____.

6. *Carole:* Moi, j' – adorer – surtout – sport.

   ____.

7. *Frédéric:* Tiens, voilà Marc et Florence. Ils – préparer – reportage – pour – journal.

   ____.

8. *Carole:* Marc – faire – photo – pont.

   ____.

Frédéric: Ça alors! Il fait une photo de nous!

L'Aquaboulevard à Paris

5 *Une salade pour monsieur* (§§ 6,8,9)

▶ Posez des questions avec *est-ce que* ou *qu'est-ce que* et répondez. (… und antwortet.) Complétez avec les verbes.

aimer | chercher | proposer | préparer | travailler | avoir

1. – Qu'est-ce que vous proposez?
– Je propose une salade.

2. – ______________ vous ______________ des magnétophones?
– Ah non! Nous ______________ des ordinateurs!

3. – ______________ elle ______________ la musique punk[1]?
– ______________ surtout le reggae.

4. – ______________ tu ______________, là?
– ______________ des crêpes.

5. – ______________ vous ______________ pour le collège?
– ______________ pour le journal.

6. – ______________ ils ______________?
– ______________ le frisbee.

6 *Mots croisés*[1] (§§ 3,6,7)

a ▶ Ecrivez les formes des verbes *avoir, être* et *faire* dans les cases.

(Jede Verbform darf nur einmal vorkommen.)

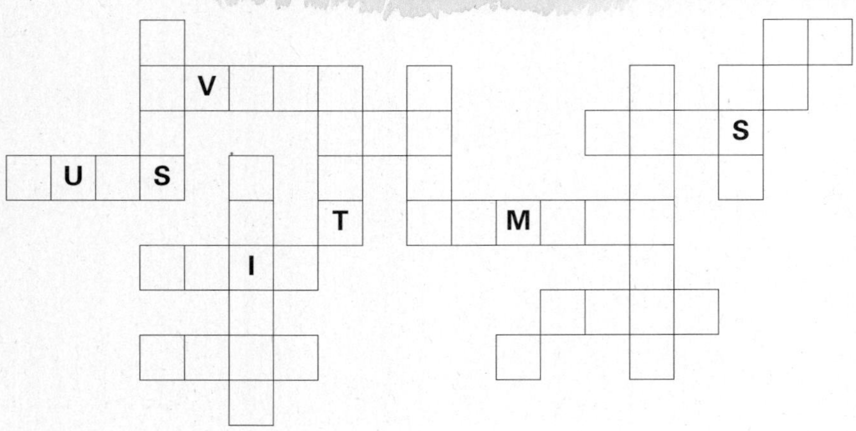

Ex. 5: 1 **la musique punk** [...pœnk] die Punkmusik
Ex. 6: 1 **Mots croisés** [mokrwaze] Kreuzworträtsel

b ► Complétez les phrases avec les formes des verbes *avoir, être* et *faire*.

Mercredi après-midi, Aurélie et Florence *sont* dans la rue Balard. Elles rencontrent Alice.

1. *Alice:* Salut, les filles! Qu'est-ce que vous ___________?
2. *Florence:* Nous? Nous ______________ des photos pour la maman[1] d'Aurélie.

   Alice: Ah? Pourquoi?
3. *Florence:* La maman d'Aurélie ___________ dans la mode[2]. Elle ___________ des photos de mode.
4. *Aurélie:* Tu ________ une minute? Je __________ une photo de toi[3]!

   Alice: Oh non!
5. *Florence:* Oh! Voilà Frédéric! Mais il ________ aussi un appareil photo!

   Frédéric: Salut, les filles!
6. *Aurélie:* Qu'est-ce que tu ___________ avec ça, Frédéric?
7. *Frédéric:* Moi? Je ___________ des photos des filles du collège. Attention! Clic!

7 Regarde. *(§§ 8, 10)*

► Complétez. Mettez l'impératif. (Setzt den Imperativ ein.)

> Attention! Ajoutez aussi *à* et *de* et l'article défini, si nécessaire (wenn nötig.)

Ex. 6: 1 **la maman** [lamamɑ̃] die Mama – 2 **la mode** *hier:* die Modebranche – 3 **toi** *hier:* dir
Ex. 7: 1 **un bateau-mouche** [ɛ̃batomuʃ] *Schiff, mit dem Besichtigungsfahrten auf der Seine durchgeführt werden*

C Une surprise pour M. et Mme Moreau

8 *L'invitation d'Aurélie*

► Complétez avec *à, de, dans, après, chez, sans, ou, sur* et *pour*.
Ajoutez les articles, si nécessaire. Conjuguez les verbes.

1. Mercredi, ____________ cours, Florence ____________ (discuter) avec Aurélie.
2. Florence ____________ (donner) des idées ______ Aurélie.
3. *Florence:* On ____________ (regarder) le film avec Isabelle Adjani ________ moi?
   ________ bien, on ____________ (rencontrer) les copains ______ café Balard.
4. *Aurélie:* Merci ________ l'invitation! Mais aujourd'hui, je ____________ (préparer) des pizzas et on ____________ (regarder) le film ________ moi.
   Et on invite[1] aussi Carole, d'accord?
   Florence: D'accord!
5. Florence ____________ (arriver) ________ Aurélie, mais ________ Carole:
   Carole ________ (être) ________ piscine.
6. ________ la table, ________ la cuisine, il y ______ (avoir) deux pizzas.
7. Aurélie ____________ (donner) une pizza ______ Florence.
   Mmm! Les pizzas ______ Aurélie ________ (être) super!
8. A 20 heures, M. et Mme Nadal ____________ (arriver). Ils ________ (avoir) faim aussi. Est-ce qu'il y ______ (avoir) encore des pizzas? Non!!!
9. Mais Florence ______ (avoir) une idée.
   Elle ________ (faire) le 01.43.13.20.11.: «Allô?[2] Taxi-Pizza? Deux pizzas capriciosa ________ le 19, rue Mercier. Merci!»

9 *Les jeunes, qu'est-ce qu'ils font?* *(§§ 10,12)*

Die Übung 9 findet ihr auf Seite 88 im Annexe.

10 *En salle 5, c'est le bazar[1]!* *(§ 11)*

Die Übung 10 findet ihr auf Seite 89 im Annexe.

Ex. 8: 1 **inviter qn** jdn. einladen – 2 **Allô?** [alo] Hallo? *(am Telefon)*
Ex. 10: 1 **le bazar** *(fam.)* [ləbazar] das Durcheinander/Chaos

11 *Qu'est-ce qu'on dit?*

a ▶ Trouvez les expressions. (Findet die Ausdrücke.)

1. Du drückst aus, dass du etwas nicht toll findest. ■' □□□ □□□.
2. Du fragst, wer jemand ist. □□□ ■□□ - □□?
3. Du drückst aus, dass du sehr verblüfft bist. □□ □□□□■!
4. Du fragst, was das ist. □□' □□■ - □□ □□□ □' □□□?
5. Du gibst dein Einverständnis. □' □□□□■□.
6. Du fragst nach dem Grund. □□□□□□□■?
7. Du sagst, dass du etwas toll findest. □' □□□ ■□□□□□.
8. Du schlägst etwas vor. □□ □□■□□□□...
9. Du weist auf etwas oder jemanden hin. □□□■□...
10. Du drückst aus, dass du gemeinsam mit jemandem losgehen möchtest. ■□ □ □□?

b ▶ Wenn du die Buchstaben in den grauen Feldern hintereinander schreibst, erfährst du, was du sagen kannst, wenn du etwas lustig findest. □' □□□ □□□□□□!

12 *C'est le stress, chez Olivier!*

Am Samstagabend haben Oliviers Freunde ihm einen Streich gespielt.

▶ Ecrivez l'histoire dans votre cahier. Utilisez les mots qui sont sous les dessins. (Schreibt die Geschichte in euer Hausheft. Benutzt dazu die unter den Bildern stehenden Wörter.)

chercher

collège – discuter – poser une question – rigoler

cours – avoir faim – entrer

préparer

regarder – trouver

13 Ecouter et comprendre[1]: Frédéric et Olivier

a ▶ Lisez le texte dans votre cahier d'activités.

b ▶ Ecoutez le texte de la cassette.
1. Barrez les mots qui sont différents dans votre cahier et sur la cassette.
(Streicht im folgenden Text die Wörter durch, die mit dem gehörten Text nicht übereinstimmen.)
2. Ecrivez les mots de la cassette dans la colonne de droite.
(Schreibt die richtigen Wörter aus dem Hörtext in die rechte Spalte.)

Exemple:

Aujourd'hui, c'est ~~samedi~~ après-midi. *mercredi*

1. Frédéric a cours avec Olivier. ______
2. Les deux copains discutent devant une pizza. ______
3. Qu'est-ce qu'ils visitent aujourd'hui? ______
4. Frédéric propose le tennis dans le parc. ______
5. Mais, pour Olivier, le tennis, c'est cher. ______
6. Olivier propose un reportage sur l'ordinateur. ______
7. Mais, pour Marc, l'ordinateur, bof! ______
8. Alors, Olivier prépare des crêpes. ______
9. Elles sont super! ______

14 Lire et comprendre[1]: Des activités

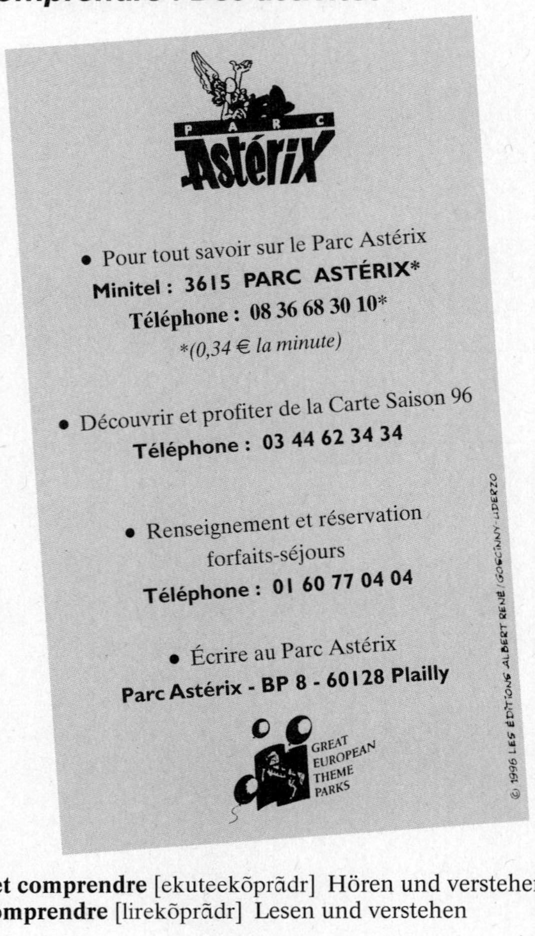

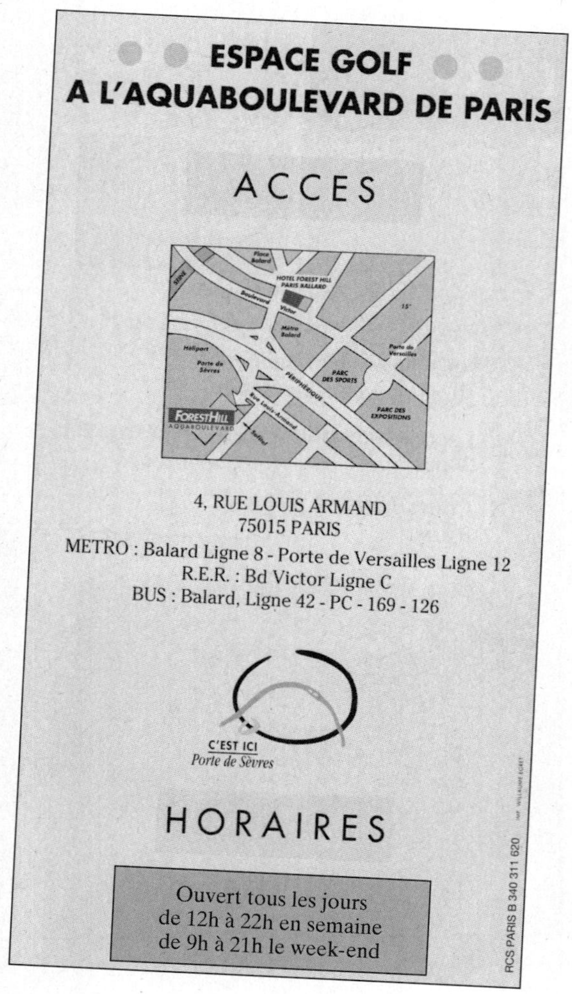

Ex. 13: 1 **Ecouter et comprendre** [ekuteekõprãdr] Hören und verstehen
Ex. 14: 1 **Lire et comprendre** [lirekõprãdr] Lesen und verstehen

a ▶ Sucht in den Anzeigen und Prospekten die französischen Entsprechungen für die folgenden Wörter.
(Nutzt dabei auch eure Englischkenntnisse.)

1. **Telefon** ____________________
2. **profitieren** ____________________
3. **Reservierung** ____________________
4. **Linie** ____________________
5. **Öffnungszeiten** ____________________
6. **Wochenende** ____________________
7. **Strand** ____________________
8. **Fernsehen** ____________________

b ▶ Sucht nun folgende Informationen heraus:

1. Für welche Einrichtung gibt es eine Dauerkarte? ______________________________
2. Mit welchen Verkehrsmitteln gelangt man am besten zum „Espace Golf"?
____

15 ✔ *Auto-contrôle: Les verbes* *(§§ 3,6,7,8)*

Hier könnt ihr wieder selbst überprüfen, was ihr könnt. Die Lösungen findet ihr auf Seite 95 eures *Cahier d'activités.*

▶ Complétez le tableau. (Ergänzt die Tabelle.)

	Infinitif	Présent		Impératif
1	(suchen) chercher	je cherche il ________	vous ________ ils ________	(Sg.) ________. (Pl., 1. Pers.) ________.
2	(zeigen) ________	tu ________ on ________	nous ________ elles ________	(Sg.) ________. (Pl., 2. Pers.) ________.
3	(eintreten) ________	j' ________ tu ________	vous ________ nous ________	(Sg.) ________. (Pl., 2. Pers.) ________.
4	(________) ________	elle fait tu ________	ils ________ vous ________	(Sg.) ________ … (Pl., 1. Pers.) ________ …
5	(haben) ________	tu ________ j' ________	nous ________ ils ________	
6	(________) ________	je ________ elle ________	nous sommes vous ________	

A Dimanche matin

1 Chez Olivier *(§ 14)*

► Faites des phrases. Mettez l'heure. (Setzt die Uhrzeit ein.)

1. *A trois heures, le père d'Olivier travaille* déjà.
2. ____________________, ____________________ encore ____________.
3. ____________________, c'est ____________________ chez les Moreau.
4. ____,
   ____________________.
5. ____________________, ____
   ____________________.
6. Elle ____________ de ____________________.
7. ____________________, ____________________ du collège.
8. ____________________, ____________________ un CD.
9. ____________________, ____________________.
10. ____________________, ____________________ encore
    ____________________.

2 A propos du vocabulaire

a ▶ Sucht aus Text A, S. 28 eures Schülerbuchs möglichst viele Ausdrücke heraus, die zum Wortfeld „Zeit“ gehören.

dimanche matin / encore / ______________________________

____

____

b ▶ Complétez.

Dimanche ______________, à 11 ______________ et demie: Les Nadal sont ______________ dans la cuisine. Mais, c'est dimanche. Et les Nadal ont ______________.

Aurélie: ______________, j'ai rendez-vous avec des copains. Je rentre à 10 heures. Vous êtes d'accord?

Mme Nadal: Mais, c'est ________, tu ne trouves pas? Tu n' _____ pas encore 18 ______.

Aurélie: Mais j' _____ déjà 15 ______! Et Florence rentre ______________ à 10 heures, le ________.

M. Nadal: A propos, il est ______________, maintenant?

Aurélie: ______________ moins le quart.

Mme Nadal: ______________?! Alors, qui fait la cuisine aujourd'hui?

Aurélie: Euh ... La salle de bains est libre ______________?

3 *Qui est-ce?* (§ 16)

▶ Répondez. Utilisez *Oui/Non/Si.*

Exemples:

Il aime Paris? → Oui, il aime Paris. / Non, il n'aime pas Paris.

Il n'aime pas Paris? → Non, il n'aime pas Paris. / Si, il aime Paris.

1. – Il habite rue des Cévennes?

   – ______________________________.

   Il ______________________________.

2. – Il n'aime pas les crêpes?

   – ______________________________.

3. – Il aime la nature?

   – ______________________________.

4. – Il fait un reportage dans le parc André Citroën?

– ____

____.

5. – C'est le copain de Christophe?

– ____.

____.

6. – Il aime beaucoup le sport?

– ____.

Mais, ____.

► Qui est-ce? C'est ______________.

4 En français

Christophe ist mit seinem Kassettenrekorder unterwegs zum Parc André Citroën. In der *rue Cauchy* spricht ihn ein Mädchen an. Christophe findet das Mädchen sehr nett und möchte es gerne näher kennen lernen.

► Ecrivez le dialogue dans votre cahier.
Commencez comme ça (Fangt so an): 1. Pardon, je …

1. Das Mädchen bittet um Verzeihung und sagt, dass sie eine Bäckerei (*une boulangerie*) sucht.
2. Christophe gibt Auskunft: In der *rue des Cévennes* ist (gibt es) eine Bäckerei.
3. Das Mädchen bedankt sich.
4. Christophe fragt, woher das Mädchen kommt.
5. Das Mädchen gibt Auskunft: Sie kommt aus Metz. Sie ist hier bei einer Freundin.
6. Christophe fragt das Mädchen nach seinem Namen.
7. Das Mädchen antwortet, dass es Sophie heißt, und fragt Christophe ebenfalls nach seinem Namen.
8. Christophe stellt sich vor.
9. Sophie fragt Christophe, wie alt er ist.
10. Christophe antwortet, dass er 16 Jahre alt ist. Er fragt Sophie ebenfalls nach ihrem Alter.
11. Sophie sagt, dass sie auch 16 Jahre alt ist. Sie möchte wissen, warum Christophe einen Kassettenrekorder bei sich *(avec toi)* hat.
12. Christophe erklärt warum: Er macht eine Reportage für die Schülerzeitung. Er fragt Sophie, ob sie Zeit hat.
13. Sophie möchte wissen, warum er das fragt.
14. Christophe erklärt warum: Er trifft sich mit Freunden im Park. Dort spielen sie Frisbee.
15. Sophie fragt, wie viel Uhr es jetzt ist.
16. Christophe gibt die Uhrzeit an: Es ist jetzt zehn nach drei.
17. Sophie sagt, dass sie in 20 Minuten verabredet ist.
18. Christophe möchte wissen, wann Sophie wieder nach Metz zurückfährt. *(= rentrer)*
19. Sophie antwortet, dass sie heute um 8 Uhr wieder nach Hause fährt.

B Mamie arrive dans une heure.

5 Ils vont où? (§ 15)

► Faites des phrases avec le verbe *aller*. Ajoutez *au / à la / à l' / chez / dans*.

1. *Charlotte va à la boulangerie*.
2. ______________________________.
3. ______________________________.
4. ______________________________.
5. ______________________________.
6. ______________________________.
7. ______________________________.
8. ______________________________.

6 Une fête chez Frédéric (§ 15)

a ► Diese Verben ähneln sich in der dritten Person Plural:

1. aller → ______________
2. faire → ______________
3. être → ______________
4. avoir → ______________

b ► Complétez avec les verbes.

avoir être aller faire

Olivier rencontre Marc dans la rue.

1. *Olivier*: Salut, Marc! Tu __________ où?
2. *Marc:* Moi, je __________ au parc André Citroën. On y __________ ensemble[1]?
3. *Olivier:* Non, j'________ rendez-vous avec Florence et Aurélie. On __________ des courses pour la fête.

   Et on prépare une surprise pour Frédéric.
4. *Marc:* Charlotte et Alice __________ aussi chez Frédéric?
5. *Olivier:* Oui, pourquoi?

   Marc: Parce qu'elles n'__________ pas encore d'invitation.
6. *Olivier:* Mais si, Frédéric _______ envie d'inviter les copains et les copines de la 3e F. Et la mère de Frédéric

   ________ d'accord. Ils __________ des pizzas pour nous. Et les pizzas de Mme Le Gall __________ super!
7. *Marc:* Et qu'est-ce que vous préparez pour la fête?

   Olivier: Nous ________________ une BD sur le judo pour Frédéric. Après les courses, nous ________________

   chez les Drouet: Ils __________ un ordinateur génial!

7 *A propos du vocabulaire*

► Vervollständigt das Vokabelnetz zum Thema *appartement*.

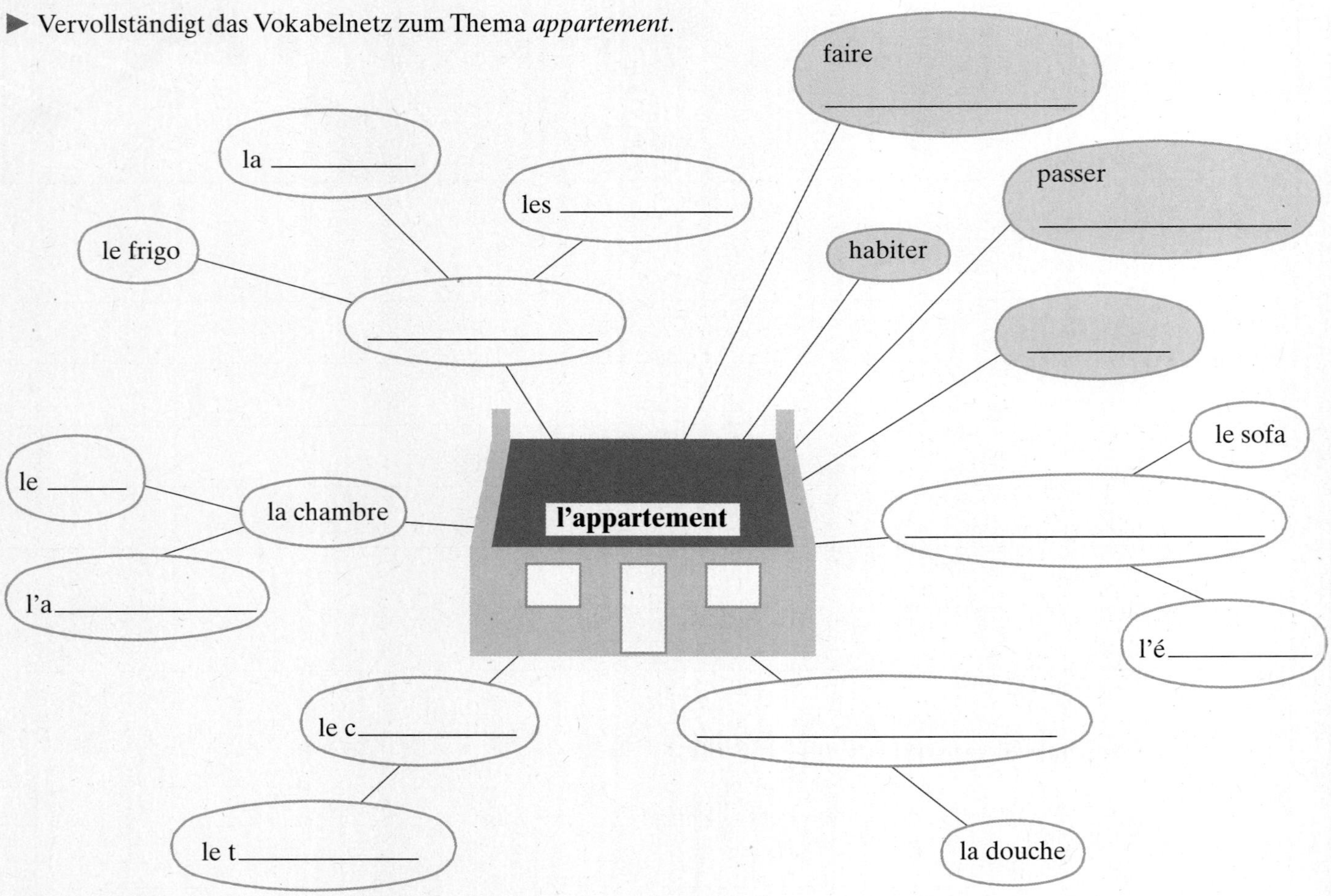

Ex. 6: 1 **ensemble** [ɑ̃sɑ̃bl] zusammen/gemeinsam

8 Ecouter et comprendre: Chez Miniprix[1] *(§ 13)*

a ▶ Ihr hört nun eine Supermarktansage mit Angeboten der Woche. Natürlich braucht ihr nicht alles zu verstehen. Achtet vor allem auf die Preise (les prix). Sie werden in Francs angegeben. Wie viel kosten die angepriesenen Lebensmittel? Schreibt die Preise auf die entsprechenden Preisschilder.

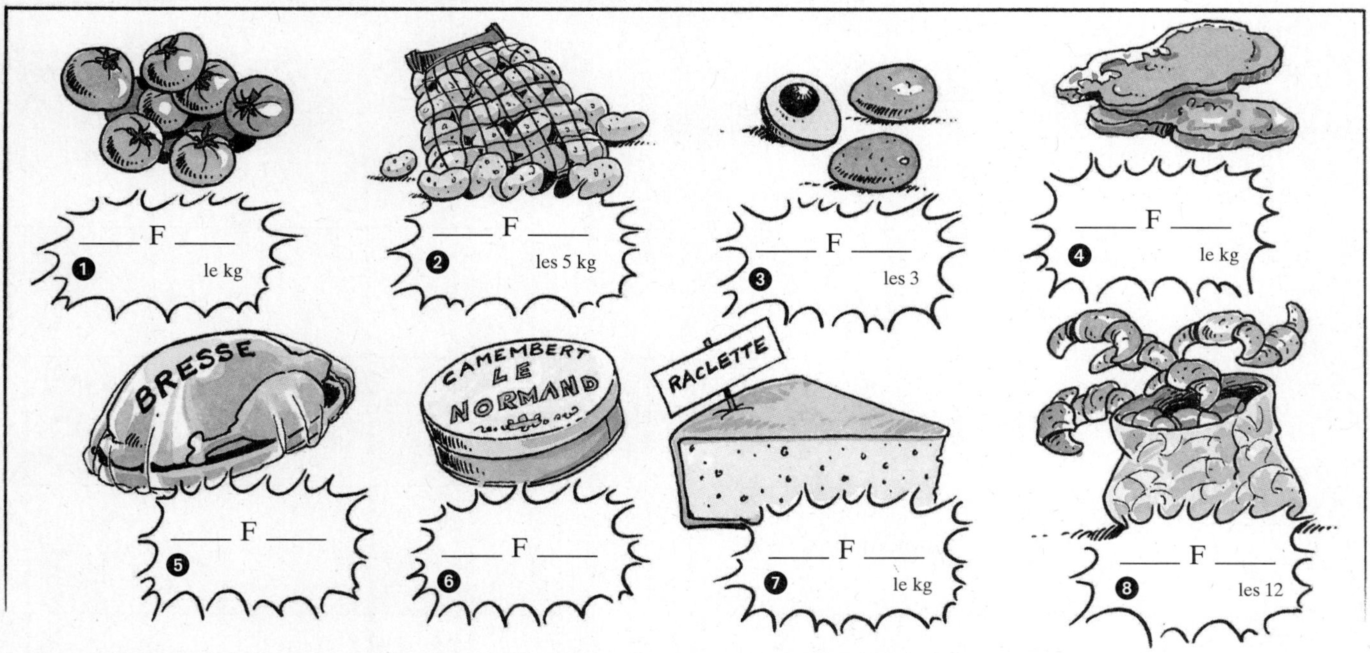

b ▶ Maintenant, écrivez les prix en francs[2] en toutes lettres. (Schreibt die Francs-Preise nun aus.)

Exemple: 1. *douze francs cinquante* 2. ... *Continuez.*

c ▶ Calculez les prix en euros. (... in Euro.) (1 € = 6,55957 F)

27,35 F les 5 kilos, ça fait ____________ €.

69,20 F le kilo, ça fait ____________ €.

8,25 F le camembert, ça fait ____________ €.

42,55 F le kilo, ça fait ____________ €.

9 L'ordinateur d'Olivier est nul!

In einem Brief an seinen Freund Philippe aus Lyon schreibt Olivier, was er heute vorhat. Doch Olivier hat sich im Programm geirrt: Der Computer hat die Akzente nicht ausgedruckt.

▶ Schaffst du es, sie alle richtig zu setzen? Trage sie ein und kontrolliere dann die Wörter anhand des Wörterverzeichnisses im Schülerbuch.

Aujourd'hui, apres le petit dejeuner, j'ai rendez-vous avec Frederic dans le parc Andre Citroën: on prepare un texte pour le «Pourquoi pas» et j'apporte peut-etre un appareil photo. Apres, on va au Centre Pompidou avec le magnetophone et on pose des questions. Oh la la, a Paris, c'est le stress! L'apres-midi, j'invite Florence: on fait des crepes et on regarde la tele. J'ai rendez-vous avec elle a 5 heures devant le college.

Salut! Oliver

Achtung, Fehlertext!

Die folgende Tabelle zeigt dir an, wie oft die einzelnen Akzente in Oliviers Brief vorkommen müssen.

Accent aigu [´]	Accent grave [`]	Accent circonflexe [^]
8	8	2

Ex. 1: 1 **miniprix** [minipri] *Name eines französischen Supermarkts*
2 **le franc = F** [ləfrɑ̃] der Franc *(französische Währungseinheit bis 2001)*

10 Les questions de Christine *(§§ 16,17)*

Samedi matin, Christine est dans la cuisine avec Mme Drouet. Elle pose des questions et des questions …

► Complétez les questions. Répondez avec *ne … pas (de)* et *ne … plus (de)*.

1. – Est-ce qu'il y a encore _des_ croissants?
   – _Non, il n'y a plus de croissants_.
2. – Est-ce que tu achètes ________ avocats?
   – ____.
3. – Est-ce que François est encore ____________ salle de bains?
   – ____.
4. – Est-ce que Florence a ______ rendez-vous aujourd'hui?
   – ____.
5. – Est-ce que tu vas ______ hôpital aujourd'hui?
   – ____.
6. – Est-ce que mamie aime _______ pains au chocolat?
   – ____.
7. – Qu'est-ce qu'il y a sur la table? Est-ce que c'est ________ BD?
   – ____. C'est un livre de cuisine.

11 Faisons un poème[1].

► Ecrivez un poème.
Trouvez des prénoms et des objets qui riment. (…, die sich reimen.)

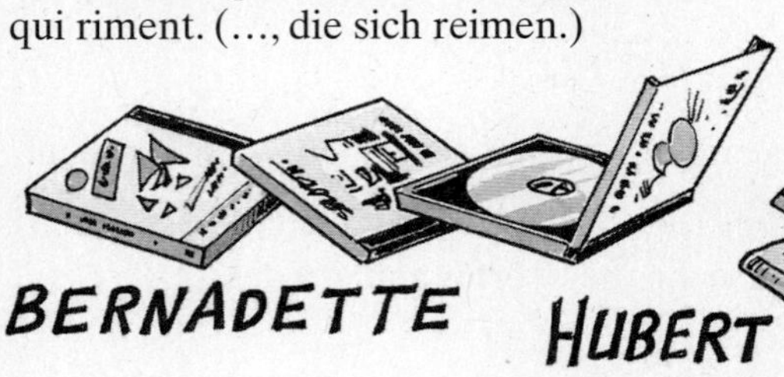

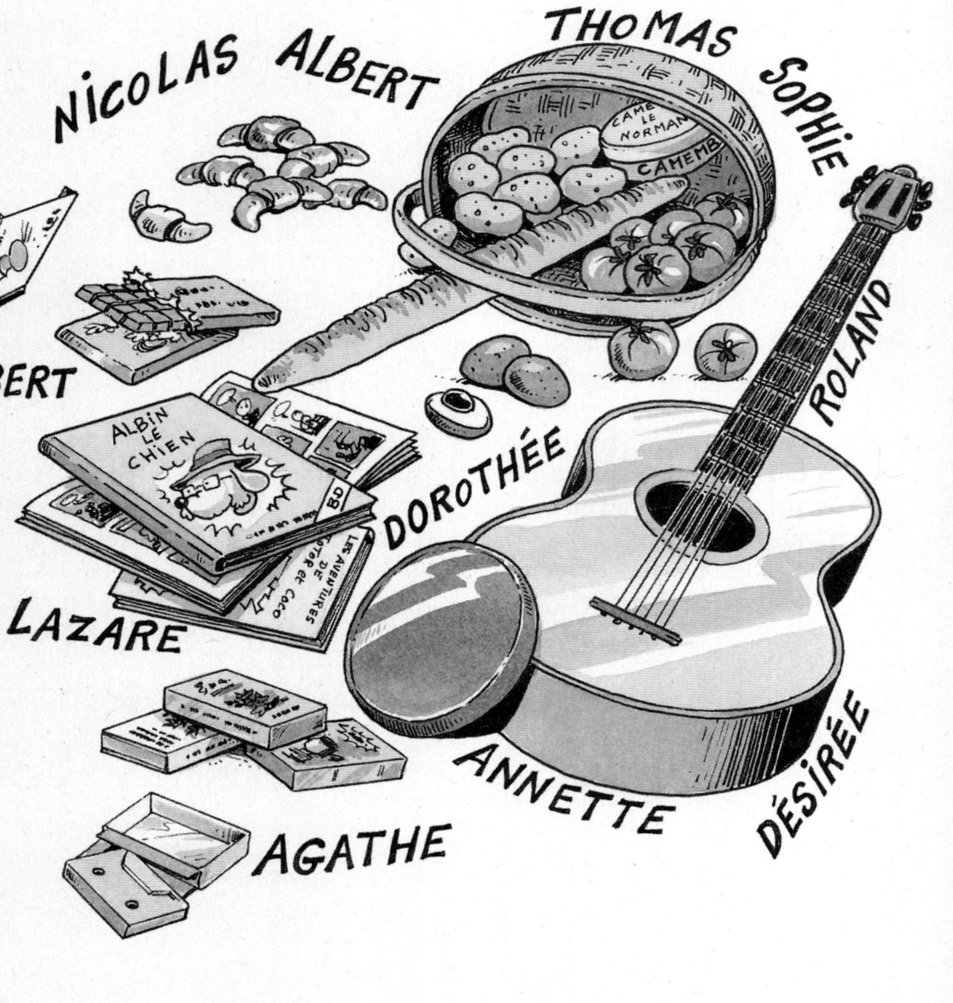

Aujourd'hui, je fais une fête,
c'est super, c'est chouette.
Je m'appelle **Nicolas**,
j'achète alors des chocolats.
Et avec **Bernadette**,
j'achète …
Et avec …,
j' …

► Continuez dans votre cahier.

Ex. 11: 1 **un poème** [ɛ̃pɔɛm] ein Gedicht

12 *Lire et comprendre: Une vie de chien*

Dieser Comic enthält Wörter, die ihr noch nicht gelernt habt. Keine Panik! Lest auf Seite 12 eures Schülerbuchs nochmals die Lerntechniken, die euch helfen unbekanntes Vokabular zu verstehen. Außerdem verraten euch auch die Bilder, wovon die Rede ist.

Salut, je m'appelle Médor. Je suis le chien de mamie. Elle est très sympa. Elle passe l'aspirateur et elle va à la boucherie pour moi. La vie est cool chez elle.

Aujourd'hui, mamie va au Centre Pompidou, et moi, je garde l'appartement. Il y a des biftecks dans le frigo et un reportage sur les chiens à la télé. C'est super.

Tiens? Qui est-ce? Bonjour, monsieur! C'est pour une interview? Oui, c'est moi, le fameux Médor, la terreur du quartier Javel. Un autographe?

Chouette! Le monsieur, c'est un ami! Il aime les chiens, c'est un homme honnête, bien sûr!

Oui, oui, visitez l'appartement. La chambre de mamie est là. Oui, c'est l'armoire de mamie. L'argent[1] de mamie? Là, sur l'étagère.

Mais le monsieur n'a pas le temps ... Quand[2] mamie arrive, elle est très triste[3] parce que le monsieur n'est déjà plus là.

a ► Traduisez en allemand. (Übersetzt ins Deutsche.)

1. **un chien** [ɛ̃ʃjɛ̃] ______________________
2. **cool** *(fam.)* [kul] ______________________
3. **garder l'appartement** [garde ...] ______________________
4. **fameux** [famø] ______________________
5. **la terreur** [latɛrœr] ______________________
6. **un autographe** [ɛ̃nɔtɔgraf] ______________________
7. **honnête** [ɔnɛt] ______________________

b ► Que veut dire «la vie»? Est-ce que vous connaissez une autre expression en français avec le mot «vie»? (Was heißt „la vie“? Kennt ihr eine andere französische Redewendung mit dem Wort „vie“?)

____

Ex. 12: 1 **l'argent** [larʒɑ̃] das Geld – 2 **quand** *hier:* als – 3 **triste** [trist] traurig

13 ✔ *Auto-contrôle: Chez mamie* (§§ 14,15,16,17)

Hier könnt ihr wieder selbst überprüfen, was ihr könnt. Die Lösungen findet ihr auf Seite 95 eures *Cahier d'activités.*

▶ Complétez le dialogue.

① *Florence:* Mamie est super, mais chez elle, ce ______________________ (être + Negation) comme chez nous!

Carole: Ah? ______________________?

Florence: Elle a 69 ________! A ______________________ du matin, elle ______________________ dans l'appartement.

Carole: Non!

Florence: ________!

② *Florence:* Elle ______________________ (aimer + Negation) faire la cuisine. Alors, à __________, elle ________ (aller) dans un café pour le déjeuner.

Carole: ______________________ elle rentre chez elle?

Florence: A une heure et demie.

Carole: Et ______________________ après le déjeuner?

Florence: Elle téléphone à des copains et des copines.

③ *Carole:* Elle habite ________?

Florence: Elle ______________________ (habiter + Negation) à Orléans, elle habite à Paris maintenant. Le dimanche, mamie mange souvent chez nous.

Carole: Ah? ______________________ elle mange chez vous?

Florence: Parce qu'elle ______________________ (avoir envie + Negation) de faire la cuisine. Mais c'est chouette: souvent, on ______________________ (avoir + Negation) dessert, alors mamie apporte un gâteau[1].

④ *Florence:* Le dimanche après-midi, elle visite Paris. Les copains et les copines de mamie __________ (aller) avec elle. Mais elle rentre chez elle à ______________________.

Carole: Et ______________________ elle fait?

Florence: Souvent, elle regarde un match de foot[2] à la télé.

Ex. 13: 1 **un gâteau** [ɛ̃gato] ein Kuchen – 2 **un match de foot** [ɛ̃matʃ...] ein Fußballspiel

A Une lettre d'Allemagne

1 Ma famille (§ 18)

► Complétez. Utilisez les déterminants possessifs.

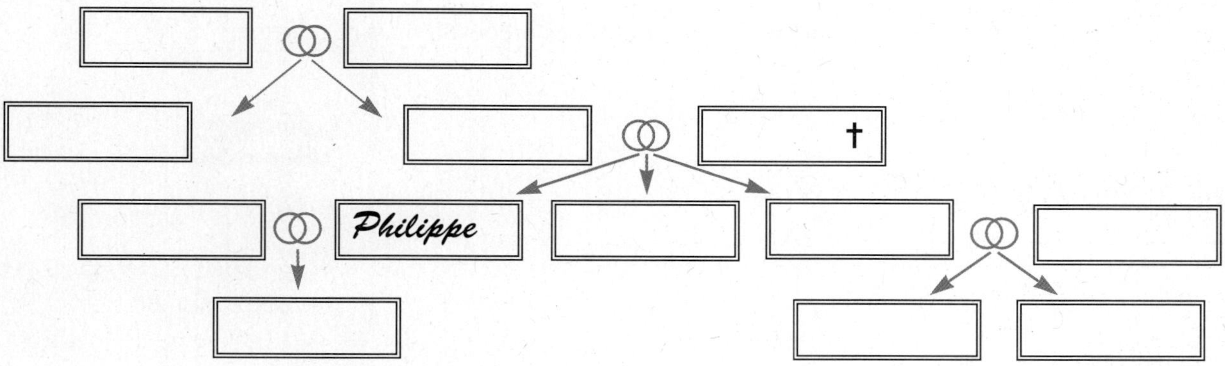

Je m'appelle Philippe. *Mes* deux frères sont Marc et Pierre. ________ mère s'appelle Alice. ________ père s'appelle Paul, mais il est déjà décédé[1]. Alors ________ mère habite chez ________ fils Pierre et ________ femme Julie. Alice va souvent chez ________ parents Henri et Sophie. Ils ont déjà 85 ans, mais ils sont toujours en forme[2]. ________ mère a un frère, Gérard: c'est ________ oncle, mais il n'est pas marié[3]. Moi, je suis marié avec Anne, et ________ fille s'appelle Caroline. ________ frère Pierre est marié avec Julie, et ________ enfants s'appellent Christophe et Sylvie. Ils aiment beaucoup ________ grand-mère.

► Répondez: Qui est l'oncle de Caroline et aussi l'oncle de Christophe et de Sylvie? ____________________.

2 L'amie de mamie (§ 18)

► Complétez.

1. Florence demande à *ses* parents: «Est-ce que ________ allez chez mamie, aujourd'hui?»	*ihre; ihr*
2. Mme Drouet dit à ________ fille: «Oui, on va chez mamie. Elle ne trouve pas ________ livres de cuisine parce qu'ils sont encore chez nous.»	*ihrer; ihre*
3. Florence dit: «Et moi, je vais chez ________ amie, Mme Duclerc, avec Aurélie. Mme Duclerc	*ihrer*
donne ________ appareil photo aux journalistes de «Pourquoi pas» parce qu'elle ne fait plus de photos.»	*ihren*
Mme Drouet propose: «Alors, apportez aussi des journaux[1] et des chocolats[2] à Mme Duclerc.»	
4. Florence et Aurélie vont chercher[3] ________ sacs et vont à la boulangerie de ________ copain Olivier. Là, elles achètent des chocolats pour Mme Duclerc.	*ihre; ihres*

Ex. 1: 1 **décédé** [desede] tot/verstorben – 2 **être en forme** [... ɑ̃fɔrm] in Form sein – 3 **être marié** [... marje] verheiratet sein
Ex. 2: 1 **des journaux** *Plural von „un journal"* – 2 **des chocolats** *(pl.)* Pralinen/Konfekt – 3 **aller chercher qc** etw. holen (gehen)

5. A trois heures, les deux filles arrivent chez Mme Duclerc et sonnent à ________ porte. | *ihrer*

6. Florence dit: «Bonjour, madame. Merci pour ________ invitation et pour ________ appareil photo. C'est très sympa! Et voilà ________ journaux.» | *Ihre; Ihren* | *Ihre*

3 *Qui a le temps?* *(§ 19)*

Les élèves de la 3ᵉ F vont vite préparer une réponse à la lettre de leurs correspondants de Stuttgart. Mais qui a le temps aujourd'hui, après les cours? Florence demande à ses copains, mais …

► Complétez les phrases. Utilisez le futur composé. Ajoutez des prépositions, si nécessaire.

MERCREDI, 23
- faire du judo
- rencontrer des copains (→ café Balard)

1. Frédéric *va faire du judo*. Après, il ____.

MERCREDI, 23
- acheter des cassettes
- regarder une vidéo (→ Aurélie)

2. Carole et Charlotte ____.

MERCREDI, 23
- travailler à l'ordinateur avec Marc
- jouer au foot

3. Olivier ____. Après, les deux copains ____.

Alice montre son agenda[1] à Florence.

JEUDI, 24
- faire la cuisine
- aller au cinéma (→ Christophe)

4. *Alice*: Après les cours, je ________________________ parce que maman n'est pas là. Et ce soir, ____.

5. *Florence:* Mais non, regarde. Aujourd'hui, nous sommes le 23[2]. Toi, tu ________ (aller) cinéma le 24. Christophe et toi, vous avez le temps aujourd'hui. Alors, vous ________ (faire) la lettre avec moi. D'accord?

6. *Alice:* D'accord. Et après, nous ________ (manger) une pizza.

Ex. 3: 1 **un agenda** [ɛ̃naʒɛ̃da] ein Taschenkalender/Notizbuch – 2 **Aujourd'hui, nous sommes le 23.** Heute haben wir den 23.

4 Encore des chiffres! *(§ 24)*

► Ecrivez les chiffres dans les cases.

71 – 1054 – 80 – 273 – 81 – 177 – 312 – 400

Wenn ihr die Buchstaben in den grauen Kästchen hintereinander schreibt, dann erhaltet ihr den Schluss des Briefs, den die 3e F an die deutschen Schülerinnen und Schüler schreibt.

La fin de la lettre:

____

Pat Mallet,
Questions de nerfs
© Edition Glénat

B Le collège André Citroën

5 A propos du vocabulaire

a ► Trouvez onze mots du champ lexical *école*.
(… aus dem Wortfeld *Schule*.)

clas – col – cor – créa – dante – de – élè – fir – in – in – lant – lège – ma – ma – ma – me – nence – per – pon – ré – res – rie – ro – se – sur – ter – thé – tion – tiques – ves – veil – voirs

____

____

____

b ► Mettez les mots du champ lexical *école* dans le texte. Ajoutez les articles, si nécessaire.

1. Dans ______________________ André Citroën, il y a un mystère[1].
2. Julia, ______________________________________ de Marc, n'est plus dans ______________________ de français!
3. Pendant __________________________ de dix heures, Marc va en salle de ______________________________:

   il demande au ________________________ où est Julia, mais elle n'est pas là.
4. Marc demande alors aux copains et aux copines et aux __________________ de la 3e F. Pas de Julia.
5. Elle est peut-être malade. Alors, Marc va à ____________________________, mais il ne trouve pas sa copine!
6. C'est la fin de la récréation. Marc va en classe de ____________________________________.
7. Il y a ______________________: oh là là, elle est difficile!
8. Après, madame Rocher donne les ____________________.
9. A la fin du cours, Marc trouve Julia dans la cour du collège, avec deux croissants! Elle dit à son copain: «Moi, j'ai faim. Il y a des croissants super dans la boulangerie, dans la rue Balard. Tiens, voilà un croissant pour toi!»

6 *Florence et Frédéric sur Internet*[1] *(§ 21, 23)*

► Complétez le texte avec les verbes au présent, à l'impératif ou à l'infinitif.

1. Aujourd'hui, Florence ____________________ (attendre) Frédéric. Frédéric cherche des informations sur un groupe de rock de 1970. Ils vont regarder sur Internet.
2. *Frédéric:* ______________ (dire), on fait comment?
3. *Florence:* Nous ________________________ (écrire) ta question dans le forum[2] «Rock 70». Qu'est-ce que j'________________ (écrire)?
4. *Frédéric:* ________________ (écrire): «Qui a des articles de journaux de 1970 sur le groupe «The Doors»?»
5. *Florence:* Voilà, c'est fait. Les gens[3] ________________ (lire) ta question et ils ______________________ (répondre). Maintenant, nous __________________________ (attendre). Regarde, on va ____________ (lire) les journaux de 1970.

   Frédéric: Mais on n'a pas le temps, c'est trop!
6. *Florence:* Mais si! __________________ (dire) à l'ordinateur de chercher le mot «The Doors» dans les journaux…
7. *Frédéric:* Qu'est-ce qu'on ____________________ (entendre)?
8. *Florence:* Là, tu ____________________ (entendre) un bip[4] parce qu'on ____________________ (répondre) à ta question dans le forum «Rock 70».

   Frédéric: Ouah! C'est génial, Internet!

Ex. 5: 1 **un mystère** [ɛ̃mistɛʀ] ein Rätsel/Geheimnis
Ex. 6: 1 **Internet** [ɛ̃tɛʀnɛt] Internet – 2 **un forum** [ɛ̃fɔʀɔm] ein Forum – 3 **les gens** [leʒɑ̃] die Leute – 4 **un bip** [ɛ̃bip] ein Pfeifton

7 *Il est quelle heure?* (§ 14)

► Complétez les dialogues.
Mettez l'heure.
(Setzt die Uhrzeit ein.)

Attention:
Dans certaines situations, il faut utiliser l'heure officielle.
(In bestimmten Situationen …)

Ex. 7: 1 **le train** [lətrɛ̃] der Zug

8 Au cours d'allemand (§ 20)

Pendant le cours d'allemand, Frédéric n'écoute pas.
Il écrit une lettre à Olivier sous la table.

Florence demande à Olivier:
«Qu'est-ce que Frédéric écrit?»
Olivier répond.

Cher Olivier,
On fait les devoirs de maths chez toi?
Tu as le temps? J'apporte mon cahier et mes exercices. Et après, on a rendez-vous avec mes copains du groupe «Avalanche».
Tu es d'accord?
Frédéric

▶ Mettez la lettre au discours indirect.

1. Frédéric demande si ____ .

2. Il demande ____ .

3. Il dit ____ .

4. ____________________ après, ____

____ .

5. ____ .

Mme Riffonneau dit: «Mais Florence, Frédéric et Olivier, vous n'écoutez pas! Qu'est-ce que vous faites?»

C Le collège en 2076

9 Le calendrier[1] d'Aurélie

▶ Décrivez le calendrier d'Aurélie. (Beschreibt …)
Ecrivez dans votre cahier.

– Quand est-ce que c'est, son anniversaire?
– Quel jour est-ce qu'elle fait/va …?
– Qu'est-ce | qu'elle va faire le …? / qu'il y a le …?
– Quand est-ce qu'elle a des vacances?

Février 97 (vacances d'hiver: 6–16)

S	*article «reggae» → Pourquoi pas*	1
D		2
L		3
M	*cours de danse*	4
M	*rendez-vous → Pourquoi pas*	5
J		6
V		7
S		8
D		9
L		10
M	~~*cours de danse*~~	11
M		12
J		13
V		14
S		15
D	*cinéma (Olivier)*	16

Mars 97

S		1
D		2
L		3
M	*cours de danse*	4
M		5
J		6
V		7
S		8
D		9
L		10
M	*cours de danse*	11
M		12
J		13
V	*courses → fête*	14
S	❤ *mon anniv. fête!*	15
D		16

Avril 97 (vacances de printemps: 5–16)

M	*cours de danse*	1
M		2
J		3
V		4
S	*concert de rock*	5
D		6
L	*arriv. de mamie*	7
M	~~*cours de danse*~~	8
M		9
J		10
V		11
S		12
D		13
L		14
M	*cours de danse*	15
M		16

Ex. 9: 1 **un calendrier** [ɛ̃kalɑ̃drije] ein Kalender

10 Le rock et les ordinateurs (§ 22)

© Pierre Bizalion, Castillonès

Pendant la récréation, Olivier discute avec Aurélie et Frédéric.

► Complétez avec les verbes *prendre, apprendre* et *comprendre* au présent et à l'impératif.

1. *Aurélie:* J' ________________ le rock acrobatique[1] avec Frédéric, c'est super!
2. *Olivier:* Ah! Tu ________________ des cours chez Frédéric?
3. *Frédéric:* Mais non! Nous ________________ le rock dans une école de danse!
4. *Olivier:* Moi, je ne ________________ pas pourquoi on fait de la danse …
5. *Aurélie:* Eh oui, vous les intellos[2], vous ________________ pourquoi on fait des maths, mais vous n'aimez pas la danse …
6. *Frédéric:* Oui, les intellos ________________ les maths, alors ils adorent les ordinateurs, mais … Allez, Olivier, j'ai une idée: Aurélie et moi, on ________________ à travailler sur Internet avec toi, et toi, tu ________________ le rock avec nous. Tu es d'accord?

   Olivier: Oh là là!
7. *Aurélie:* Oh oui! ________________ des cours avec nous!

11 Ecouter et comprendre: Au collège

Sylvie B. est journaliste chez Radio-Jeunes. Voici des extraits (Auszüge) de son reportage au collège de Varennes. (Die Texte enthalten Wörter, die ihr noch nicht gelernt habt. Das ist nicht weiter schlimm. Ihr könnt auch so verstehen, worum es geht.)

Texte 1 ► Ecoutez. Répondez à la question.

Est-ce que la fille parle de ses vacances?

____

Texte 2 ► Lisez les questions. Après, écoutez le texte et répondez.

Quel âge a la fille? ________________

Qu'est-ce qu'elle apprend comme langue? ________________

Comment est-ce qu'elle trouve son cours de langue?

____

Texte 3 ► Lisez la question. Après, écoutez le texte et répondez.

Qui est Marc? ____

Texte 4 ► Ecoutez. Cochez la bonne réponse. (Kreuzt die richtige Antwort an.)

Le prof ☐ fait un exercice de maths. ☐ rend une interro. ☐ donne les devoirs.

Ex. 10: 1 **le rock acrobatique** [... akrɔbatik] Rock'n'Roll – 2 **un intello** *(fam.)* [ɛ̃nɛ̃tɛlo] ein Intellektueller

12 *Jeu de sons* [s] [z]

► Versucht die Reime sinnvoll zu ordnen. (Die Reimanfänge stehen in der richtigen Reihenfolge.)
Lest die Reime laut.

1	Aujourd'hui,		non merci!
2	Les parents sont		l'aspirateur.
3	Dans la cuisine, c'est	2	chez mamie.
4	Où est François,		dans la cuisine.
5	Aurélie, Florence		il n'est pas là?
6	Font la vaisselle		à l'épicerie
7	Après, elles vont		les crêpes aussi,
8	Et elles achètent		la télévision.
9	Les filles adorent	1	c'est samedi.
10	Mais les légumes,		et Christine
11	Maintenant, il est		le bazar!
12	François va passer		des spaghettis.
13	Le soir, on est		deux heures.
14	Et on regarde		à la maison,

13 *Décrivons le dessin*[1].

Sempé & Goscinny: Le petit Nicolas, © Éditions Denoël, 1960.

a ► Regardez le dessin et lisez les mots.

b ► Donnez un titre (Titel) au dessin.
Ecrivez dans votre cahier.

c ► Décrivez le dessin en neuf ou dix phrases.

Utilisez: **il y a – arriver – dire – écouter – être – jouer – bazar – bruit d'enfer**

Ex. 13: 1 **un dessin** [ɛ̃desɛ̃] eine Zeichnung

14 ✔ Auto-contrôle

Hier könnt ihr wieder selbst überprüfen, was ihr könnt.
Die Lösungen findet ihr auf Seite 95 eures *Cahier d'activités.*

1. Les verbes (§§ 21, 22, 23)

▶ Complétez.

	répondre	prendre	lire	écrire	dire
je ou j'					
il/elle/on					
nous					
ils/elles					

2. Le futur composé (§ 19)

▶ Mettez les verbes au futur composé.

1. *Alice:* Qu'est-ce que vous ________________ mercredi après-midi? — *faire*
2. *Christophe:* Frédéric et moi, nous ________________ du judo. Et toi? — *faire*
   Tu ________________ au tennis? — *jouer*
3. *Alice:* Non, je ________________ à la piscine. — *aller*
4. *Christophe:* Et Carole et Flo? Est-ce qu'elles ________________ aussi à la piscine? — *aller*
5. *Alice:* Non, elles ________________ le Centre Pompidou. — *visiter*

3. Le discours indirect (§ 20)

▶ Mettez les phrases au discours indirect.

Marc à François:

> Est-ce que Florence est malade?
> Je vais organiser une fête pour ma copine Julia, samedi soir.
> Je vais inviter mes copains de la 3e F.
> Est-ce que Florence va apporter ses CD de rock?
> Nous allons faire de la musique avec les copains du groupe «Avalanche».

François à Florence:

1. *Marc demande si* ________________.
2. ________________.
3. ________________.
4. ________________.
5. ________________.

________________.

Leçon 5

A Le 10, rue des Cévennes

1 A propos du vocabulaire

a ▶ Complétez. Cherchez les noms et les verbes qui vont ensemble. Il y a un mot en trop.
(Ordnet den Verben die passenden Nomen zu. Ein Wort bleibt übrig.)

Le quartier

habiter	1	rencontrer des voisins	____
faire les courses	____	jouer	____
manger	____	nager	____
regarder/film	____	*Le mot en trop:*	____

b *A vous* ▶ Ecrivez un petit texte avec les mots de la partie ***a***. (… mit den Wörtern aus Teil ***a***.)
Ecrivez dans votre cahier.

2 Samedi matin (§ 26)

sortir

Frédéric arrive chez François …

a ▶ Complétez.

1. *Frédéric:* Alors, François, tu ne __________ pas du lit aujourd'hui?

   François: Si. Pourquoi? Il est quelle heure?

2. *Frédéric:* Mais, François! Il est déjà midi et quart! On __________ avec les copains! C'est samedi!

   On a rendez-vous à 14 heures au cinéma Danton. Le film «Sortie de secours[1]» __________ aujourd'hui.

3. *François:* Florence! __________ le café du frigo et prépare le petit déjeuner.

4. *Florence:* Mais, ça ne va pas!? Pour qui tu te prends?

   Ecoutez, vous deux, __________ un peu le chien.

   Il a envie de __________.

b ▶ Das Verb *sortir* hat je nach Kontext unterschiedliche Bedeutungen. Übersetzt die Sätze, in denen *sortir* vorkommt.

____

____

____

____

____

____

____

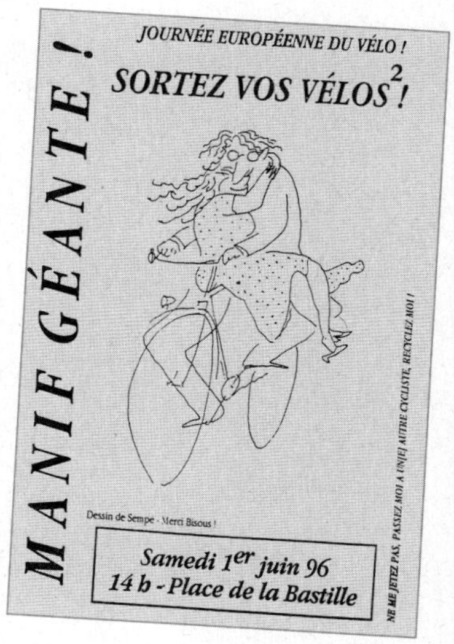

3 Lucie a des problèmes avec sa mère. (§ 26)

▶ Complétez avec les verbes.

1. – Maman, je __________ (sortir) avec Elodie et mes copains, ce soir.

2. – Ah bon? Je trouve qu'Elodie et toi, vous __________ (sortir) trop! Quand est-ce que vous __________ (dormir)?

   Et les devoirs, et l'école, hein? Et surtout, je n'aime pas quand tu __________ (sortir) le soir.

3. – Mais, maman, nous __________ (partir) avec des copains. On est jeunes. On n'a pas besoin de __________ (dormir).

   Et mon frère, il __________ (sortir) toujours le soir!

4. – Oui, mais il a 18 ans, et il va bientôt __________ (partir) de la maison!

5. – Quand les garçons __________ (sortir) le soir, les parents sont d'accord. Mais nous, les filles, quand nous

   __________ (sortir), vous __________ (faire) toujours un cinéma[1] … Mais rester à la maison, le soir: non merci!

Ex. 2: 1 **une sortie de secours** [ynsɔrtidəsəkur] ein Notausgang – 2 **un vélo** [ɛ̃velo] ein Fahrrad
Ex. 3: 1 **faire un cinéma** *(fam.) hier:* einen Zirkus veranstalten *(ugs.)*

4 L'anniversaire d'Olivier (§ 25)

Die Übung 4 findet ihr auf Seite 90 im Annexe.

5 En français (§ 25)

► Faites les dialogues. Utilisez des pronoms objets, si nécessaire.

1. Julia fragt Marc, ob er ihr heute das „Quartier Latin" zeigt.
2. Marc sagt, dass er heute mit den Freunden verabredet ist. Aber er wird Julia das „Quartier Latin" am Samstagnachmittag zeigen.
3. Julia sagt, dass sie heute keine Verabredung hat. Sie wird ihn begleiten. *(accompagner qn)*
4. Marc ist einverstanden. Er sagt, dass die Freunde im Park auf sie warten.

1. *Tu me montres* le Quartier Latin aujourd'hui?
2. ______________________________
3. ______________________________
4. ______________________________

5. Die Freunde sagen, dass Julia bald nach Köln zurückkehren wird. Sie möchten wissen, ob Julia ihnen schreiben wird.
6. Natürlich wird Julia ihnen schreiben. Und sie lädt die Freunde nach Köln ein. *(inviter qn)*
7. Frédéric ist begeistert und sagt, dass die Freunde ihr dann Schokocroissants mitbringen werden.

5. Tu vas bientôt rentrer à Cologne. ______________________________ ?
6. Bien sûr, ______________. Et ______________ à Cologne.
7. C'est super. Alors, ______________________________.

6 Une lettre de Michel Agba à une amie du Togo (§ 27)

► Complétez. Attention à la forme et à la place des adjectifs.

Chère Noémie ________ ,
(cher)

1. J'habite maintenant à Paris dans une ________ maison ________ dans le quartier Balard.
(grand)

2. C'est un ________ quartier ________: il y a des ________ magasins ________ et des ________ cafés ________.
(agréable) (joli) (branché)

3. Ma chambre n'est pas très ________, mais elle est très ________.
(grand) (cher)

4. Alors, je fais du baby-sitting. C'est un ________ boulot ________: quand les ________ enfants ________ dorment, je regarde un ________ film ________ à la télé!
(génial) (petit) (bon)

5. Mes études de physique sont ________ mais ________ aussi.
(intéressant) (difficile)

6. On a des ________ profs ________.
(formidable)

7. J'ai aussi des ________ copains ________: l'après-midi, on travaille souvent ensemble.
(sympa)

8. Le soir, après le baby-sitting, je ne peux plus travailler: je suis trop ________.
(fatigué)

9. Merci pour ta ________ photo ________.
(joli)

10. J'ai une ________ surprise ________ pour toi: je vais revenir au Togo pour les vacances d'été!
(bon)

A bientôt

Ton ami Michel

B «Avalanche»

7 A propos du texte

► Relisez le texte B, pages 56, 57 et 58 dans votre livre, et répondez aux questions dans votre cahier.

1. Frédéric et ses copains ne peuvent plus faire de musique dans leur cave. Pourquoi est-ce que c'est une catastrophe?
2. Comment est-ce que les musiciens veulent trouver une salle?
3. Qu'est-ce qu'on leur propose?
4. Pourquoi est-ce que ce ne sont pas des solutions?
5. Mme Sabion a une idée. Expliquez.
6. Les musiciens ont un garage gratuit et 70 €. D'où vient l'argent?

8 *Après les cours* *(§§ 26,28)*

aller finir (2x) choisir venir (2x) repartir attendre sortir réfléchir (2x) entrer réagir faire

► Complétez avec les verbes.
Mettez les verbes au présent, à l'impératif ou à l'infinitif.

1. Aujourd'hui, les cours ____________ à quatre heures. 2. Dans la cour du collège, Lucie demande à Elodie: «Qu'est-ce qu'on ____________ maintenant?» 3. Les deux filles ____________. 4. Elodie a une idée: «Tiens, on va acheter le cadeau[1] d'anniversaire pour Simon. Mais ____________ Anne et Christine. Elles ____________ aussi avec nous.»

5. Les quatre filles ____________ dans un grand magasin[2]. 6. Lucie demande: «Qu'est-ce que nous ____________, un CD ou une BD?» 7. Elles ____________ par prendre une BD et elles ____________ du magasin.

8. Anne et Christine ____________. 9. Elodie demande à Lucie: «Tu ____________ chez moi? On ____________ ensemble sur le problème de maths, et après on ________ au cinéma.» 9. Lucie répond: «D'accord … Ah, mais je vais rentrer tard alors. Comment est-ce que mes parents vont ____________?»

9 *C'est un problème de temps!* *(§ 29)*

Dans la cour du collège, les copains de la 3e F discutent: ils veulent faire du roller[1] ensemble, mais …

► Complétez avec les verbes.

1. *Frédéric:* Quand est-ce que vous ____________ (vouloir) faire du roller?
2. *Olivier:* Moi, je ____________ (pouvoir) le lundi et le mercredi, mais seulement après 18 heures.
3. *Florence et Alice:* Nous ____________ (pouvoir) sortir seulement le week-end et le mercredi.
4. *Aurélie:* Le week-end, je ____________ (pouvoir) sortir seulement après 19 heures parce que j'aide ma mère dans le magasin.

   Frédéric: Mais à 19 heures, c'est trop tard.
5. *Carole:* Mon frère et moi, nous ____________ (vouloir) bien faire du roller avec vous. Mais, samedi et dimanche, on ____________ (ne pas pouvoir): mes parents ____________ (vouloir) passer le week-end chez mamie.
6. *Frédéric:* Quand on ____________ (vouloir), on ____________ (pouvoir)!

► Quand est-ce que les jeunes peuvent faire du roller ensemble?

(Wenn ihr in die Tabelle die Tage und Uhrzeiten eintragt, an denen die Jugendlichen keine Zeit haben, dann erhaltet ihr die Lösung.)

	lundi	mardi	mercredi	jeudi	vendredi	samedi	dimanche
16 à 17 h							
17 à 18 h							
18 à 19 h							
19 à 20 h							

____

Ex. 8: 1 **un cadeau** [ɛ̃kado] ein Geschenk – 2 **un grand magasin** ein Kaufhaus
Ex. 9: 1 **faire du roller** [... rɔlœr] Inline-Skates fahren

10 Devinettes[1] (§ 30)

► Inventez des devinettes. Utilisez ces verbes:

adorer faire qc	demander à qn **de** faire qc
aimer faire qc	proposer à qn **de** faire qc
aller faire qc	avoir besoin **de** faire qc
pouvoir faire qc	avoir envie **de** faire qc
vouloir faire qc	avoir la chance **de** faire qc
il faut faire qc	aider qn **à** faire qc

Il est très joli.
Quand on lui demande de sortir, il veut rester à la maison.
Le matin et l'après-midi, il dort, mais il adore sortir la nuit.
Il n'a pas besoin de travailler.
Il peut nager, mais il n'aime pas aller à la piscine.
Qui est-ce?

C'est mon chat[2].

11 Faites l'interprète[1].

Bei den Dolmetschübungen vermittelt eine Person zwischen zwei anderen Personen, von denen die eine Deutsch und die andere Französisch spricht. Dabei kommt es darauf an, die Absichten der Personen sinngemäß wiederzugeben.

Pendant les vacances de Gunilla, Svenja, une copine de Stockholm, habite dans sa chambre dans l'immeuble 10, rue des Cévennes. Elle cherche aussi une chambre à Paris. Aujourd'hui, Svenja rencontre Frédéric dans la cour. Elle ne comprend pas très bien le français, mais elle parle bien l'allemand. Frédéric lui propose de parler à Mme Dupré, la propriétaire[2] de l'immeuble. Il va faire l'interprète.

Svenja	Frédéric	Mme Dupré
Sag Mme Dupré, dass ich Gunillas Freundin bin und dass ich für zwei Monate ein Zimmer suche, weil ich an einer Sprachschule Französisch lernen werde.	1. *C'est Svenja, la copine* ___	
	2. ___	Eh bien, ce n'est pas un problème. Il y a encore une chambre libre dans l'immeuble. Mais elle est très petite.
Frage doch bitte, wie teuer das Zimmer ist.	3. ___	
	4. ___	150 € par mois, plus l'électricité!
Das ist nicht teuer. Frage Mme Dupré, ob sie mir das Zimmer zeigen kann.	5. ___	
	6. ___	Mais bien sûr. Attendez une minute. Je vais chercher[3] la clé.

Ex. 10: 1 **une devinette** [yndəvinɛt] ein Rätsel – 2 **un chat** [ɛ̃ʃa] eine Katze
Ex. 11: 1 **un/une interprète** [ɛ̃/ynɛ̃tɛrprɛt] ein(e) Dolmetscher(in) – 2 **le/la propriétaire** [lə/laprɔprietɛr] der/die Besitzer(in) – 3 **aller chercher qc** etw. holen (gehen)

Journaliste de radio

Patrick Cohen est journaliste de radio. Il travaille à RTL. En décembre 1994, il commente le détournement[1] de l'Airbus français par[2] des terroristes. Il répond aux questions d'OKAPI[3].

Pourquoi est-ce que vous préférez être journaliste de radio, et pas journaliste de télévision?

J'ai une passion[4] pour la radio. A la télévision, on n'est pas très libre. La radio, c'est la liberté. On part en reportage avec seulement un magnétophone et un micro. Vous n'avez pas besoin d'un caméraman et de kilos de matériel. La radio, c'est simple. Vous rencontrez les gens immédiatement[5]. Comme ça, nous avons des informations exclusives. La radio, c'est discret. Quand un homme ou une femme ne veut pas montrer son visage[6], la radio a l'avantage[7] sur la télé. Mais la radio, ce n'est pas toujours facile[8]. Il faut faire une sélection: on fait une interview de quinze minutes, mais on a seulement une minute à la radio. En une minute, il faut faire passer[9] l'information importante.

Qu'est-ce qui[10] est difficile pour un journaliste de radio?

Quand il y a un événement[11] dramatique, comme le détournement de l'Airbus, les informations arrivent, et il faut parler au micro, tout de suite. Il faut regarder la situation et la comprendre. Les policiers ne donnent pas d'explications. Quand les policiers donnent l'assaut[12], moi, j'explique en direct, pendant trois heures. C'est le stress, mais c'est passionnant[13].

a ▶ Dans le texte, il y a des mots nouveaux (neue Wörter). Soulignez les mots que vous comprenez à l'aide de l'allemand, de l'anglais et du latin. (Unterstreicht die Wörter, die ihr aus dem Deutschen, dem Englischen und dem Lateinischen erschließen könnt.)

b ▶ Faites la liste des arguments du journaliste pour la radio.

La radio, c'est ________________, c'est ________________, c'est ________________.

c ▶ Expliquez.

1. Pourquoi est-ce que ce n'est pas toujours facile à la radio?

____

____

____

2. Pourquoi est-ce que la radio, c'est aussi le stress?

____

____

____

____

Ex. 12: 1 **le détournement** [lədeturnəmɑ̃] die Entführung – 2 **par** *hier:* durch – 3 **Okapi** *franz. Jugendzeitschrift* – 4 **une passion** [ynpasjɔ̃] eine Leidenschaft – 5 **immédiatement** [imedjatmɑ̃] unmittelbar/direkt – 6 **le visage** [ləvizaʒ] das Gesicht – 7 **avoir l'avantage sur qc** etw. gegenüber im Vorteil sein – 8 **facile** [fasil] ≠ difficile – 9 **il faut faire passer qc** [...pase] man muss etw. hinüberbringen – 10 **Qu'est-ce qui ...?** Was ...? – 11 **un événement** [ɛ̃nevɛnmɑ̃] ein Ereignis – 12 **donner l'assaut** [...laso] (das Flugzeug) stürmen – 13 **passionnant,e** [pasjɔnɑ̃,t] spannend/aufregend

13 ✔ Auto-contrôle

Hier könnt ihr wieder selbst überprüfen, was ihr könnt. Die Lösungen findet ihr auf Seite 95 eures *Cahier d'activités.*

1. Les pronoms objets (§ 25)

▶ Complétez avec les pronoms objets.

Les musiciens du groupe «Avalanche» cherchent une salle pour leurs répétitions. Mais Frédéric pense qu'il a une solution …

1. La petite pièce dans la cave, moi, je _____ trouve trop chère. 2. Et le petit garage, je ne _____ aime pas: c'est le bazar. 3. Mais, je vais _________ raconter quelque chose. 4. La solution, c'est Mme Sabion: je _____ aide souvent à porter ses sacs. 5. Alors, je _______ raconte notre problème. 6. Deux heures après, elle _______ téléphone et elle ________ dit: Bonjour, Frédéric. Je _______ téléphone parce que je pense au problème de tes copains. 7. Tu peux _________ dire de venir chez moi? Ma sœur a un garage …

2. Les adjectifs (§ 27)

▶ Complétez.

Chez Emmaüs, on trouve des chaises __________,	*rétro*
des __________ __________ armoires,	*joli, petit*
des livres ____________________,	*intéressant*
des __________ lits et des __________ lits,	*grand, petit*
et des chapeaux __________.	*super*
En plus, les prix[1] sont ____________________,	*intéressant*
le magasin est ______________	*agréable*
et les vendeurs[2] sont ____________.	*sympa*

3. L'infinitif complément du verbe (§ 30)

▶ Traduisez.

> Im Gegensatz zu den „En français"- und den „Faites l'interprète"-Übungen geht es bei der Übersetzung um eine möglichst genaue Übertragung ins Französische, nach dem Motto: So genau wie möglich, so frei wie nötig.

1. Olivier hilft Aurélie die Küche aufzuräumen.
2. Er schlägt ihr vor gemeinsam die Mathe-Hausaufgaben zu machen.
3. Aber Aurélie hat keine Lust zu arbeiten.
4. Sie will ins Kino gehen.

1. ____.

2. ____.

3. ____.

4. ____.

Ex. 13: 1 **le prix** [ləpri] der Preis – 2 **un vendeur** [ɛ̃vɑ̃dœr] ein Verkäufer

Leçon 6

A Le premier soir à Ornon

1 A propos du vocabulaire

a ▶ Trouvez le bon mot.

1. *Une station de ski*, c'est une ville ou un village en montagne où on peut faire du ski.
2. ______________, c'est une maison dans les Alpes où les touristes peuvent dormir.
3. Avec ______________, il est facile de monter avec des skis sur les pistes.
4. Après le bac, Gilles veut faire ______________ comme métier.
5. A Ornon, il y a vingt kilomètres de pistes de ______________.
6. Mais le dimanche, à l'Alpe d'Huez, Gilles, Florence et Aurélie veulent faire du ______________.
7. Pour les Tisserand, ce n'est pas toujours facile d'habiter ______________, loin de la ville.

b ▶ Faites une phrase avec:

1. **vacances:** ______________.
2. **descente:** ______________.
3. **neige:** ______________.

2 *L'histoire des Tisserand* *(§§ 31, 32)*

▶ Racontez au passé composé. Formez les phrases dans votre cahier.

1. Un jour, M. et Mme Tisserand / acheter une petite maison à Ornon.
   Mme Tisserand: Les premières années, je / travailler dans le café de la station. Ça / ne pas être facile.

2. *M. Tisserand:* Moi, je / faire des tables, des chaises et des armoires. Mais les gens / ne pas vouloir acheter mes meubles.

3. *Mme Tisserand:* Alors, je / avoir l'idée d'acheter la ferme. Pendant six mois, nous / travailler 14 heures par jour! Heureusement[1], Gilles / pouvoir nous aider pendant ses vacances.

Ex. 2: 1 **heureusement** [œrøzmɑ̃] glücklicherweise

4. *Gilles:* C'est vrai, mes parents / ne pas choisir un travail facile. A la fin, mon père / finir par travailler le dimanche aussi. Ma mère / écrire des annonces et elle / répondre à des lettres.

Passez vos vacances dans notre gîte rural

ORNON:
un joli petit village dans la montagne.
Profitez du calme, de l'air pur
et de la vraie nature!
M. et Mme Tisserand – Le Joncas – Ornon –
Tél.: 04.76.54.82.79

5. *M. Tisserand:* Après, on / ne pas ouvrir tout de suite le gîte aux touristes. D'abord, Gilles / inviter ses copains et ses copines. Tu / faire la fête pendant deux jours, n'est-ce pas[1], Gilles?

6. *Gilles:* Oui, c'est vrai. Et puis, on – vouloir organiser l'arrivée[2] des premiers touristes. On – avoir de la chance. Maintenant, ça marche très bien.

3 *Pendant les vacances de février* (§§ 29, 33)

► Dans chaque phrase (In jedem Satz), il y a les verbes *pouvoir, savoir* et *devoir.* Mettez les verbes à la bonne place. Attention, dans la phrase 2, mettez seulement *pouvoir* et *devoir*.

1. *Mme Drouet:* François, quand est-ce que tu vas faire la vaisselle?

   François: Oui …, je ________ que je ________ faire la vaisselle, mais maintenant, je ne ________ pas.

   J'ai rendez-vous avec Simon.

2. *M. Drouet:* Dis donc, François, vous allez faire les pistes noires?

   François: Nous ____________ faire les pistes noires, bien sûr, mais aujourd'hui, nous n'avons pas le temps,

   nous ____________ seulement skier une heure ou deux: Simon ________ partir faire les courses.

3. *Florence:* Moi, j'ai envie d'aller à Bourg d'Oisans demain après-midi.

   Mme Drouet: Tu ________ aller à Bourg d'Oisans, mais tu ________ rentrer avec papa: tu ________ bien

   qu'il n'y a plus de bus[1] après cinq heures.

4. *M. Drouet:* Et vous, les filles, où est-ce que vous allez skier aujourd'hui?

   Florence: Aurélie ne ________ pas encore faire de ski de piste. Nous ____________ attendre Gilles:

   il ________ lui montrer comment on fait une descente.

5. *François:* Quand est-ce que les Martin vont arriver?

   Mme Drouet: Ils ____________ arriver aujourd'hui. Ils ne ____________ pas où est le gîte,

   mais ils ____________ demander.

Ex. 2: 1 **…, n'est-ce pas?** …, nicht wahr? – 2 **l'arrivée** *(f.)* → arriver
Ex. 3: 1 **un bus** [ɛ̃bys] ein Bus

4 *Voir ou regarder?* (§ 33)

► Complétez avec une forme de *voir* ou *regarder* au présent, à l'impératif ou à l'infinitif.

– Eh bien, ______________ dans la cuisine, Florence. Qu'est-ce que tu __________?

– Nous travaillons trop. Le soir, nous ______________ toujours la télé et nous ne ______________ plus nos amis.

– Oh là là! Avec la neige, on ne __________ plus les autres voitures.
– Attends. Je vais ______________ sur la carte. A mon avis, on va bientôt arriver.

– Tiens, ______________, il y a Carole et Frédéric dans le bus.
– Mais ils ne nous ______________ pas!

5 *Elles rigolent.* (§ 34)

moi	toi	lui	elle
nous	vous	eux	elles

Florence téléphone à Armelle.

► Complétez le dialogue.

1. *Florence:* Allô, Armelle? Ici, c'est Florence. Ecoute, Aurélie et ________, on n'a pas envie de skier aujourd'hui. On peut venir chez ________?
2. *Armelle:* Chez ________? Oui, bien sûr. C'est une très bonne idée. Et François, ________, qu'est-ce qu'il fait? Il va venir avec ________?
3. *Florence:* Ah non! Il ne peut pas venir avec ________. Il doit faire la vaisselle.
4. *Armelle:* Ah bon … Tiens, mes parents veulent inviter tes parents. Est-ce qu'ils sont là?

   Florence: Je suis désolée. ________, ils sont à Grenoble aujourd'hui. Mais je vais leur parler de votre invitation.

   Armelle: Bon, alors, à tout à l'heure[1]!

Ex. 5: 1 **A tout à l'heure!** Bis gleich!

B A l'Alpe d'Huez

6 La maison des verbes (§§ 35, 36)

► Regardez le dessin. Complétez.

1. elle est allée
2. elle est venue
3. elle est arriv
4. ______
5. ______
6. ______
7. ______
8. ______
9. ______
10. ______

7 Ah les filles! (§§ 31, 32, 35, 36)

Voilà une histoire de la BD «Le petit Nicolas». Nicolas a un problème: Mme Picard, une amie de sa mère, vient avec sa fille Sophie. Nicolas doit jouer avec elle. Il raconte sa journée à son copain.

► Racontez au passé composé. Ecrivez l'histoire dans votre cahier.

1. Aujourd'hui – je – rester à la maison Mme Picard – venir – avec sa fille Sophie. Sophie et moi, on – monter dans ma chambre Elle – faire des bêtises[1]	2. Alors, nous – aller dans la cour On – jouer au foot Elle – taper dans le ballon[2] comme ... une fille Alors, moi, je – rigoler	3. Elle – me – donner une gifle[3] Moi, je – ne plus rigoler

4. Puis, elle – taper encore une fois dans le ballon	5. Le ballon – arriver dans la porte[4] Sophie – regarder les fleurs[5] – elle – ne pas dire un mot Moi, je – expliquer le problème à maman Mais, maman – ne pas vouloir le comprendre	6. Enfin, à six heures – Mme Picard et Sophie – partir Ouf! Je – ne pas être triste[6]

Ex. 7: 1 **une bêtise** [ynbɛtiz] eine Dummheit/ein Unfug – 2 **taper dans le ballon** [tapedɑ̃l(ə)balɔ̃] den Ball spielen/kicken – 3 **une gifle** [ynʒifl] eine Ohrfeige – 4 **une porte** [ynpɔrt] eine Tür – 5 **une fleur** [ynflœr] eine Blume – 6 **triste** traurig

8 *Un parc naturel régional[1] dans les Alpes*
(§§ 31, 32, 35, 36)

L'année dernière, les Garrigue ont passé leurs vacances d'été dans le Queyras[2], un joli parc naturel dans les Alpes.

Monsieur Givois, un guide[3] du parc, leur a donné des informations.

Saint-Véran

▶ Mettez les verbes au passé composé.

1. Le Queyras est un des 31 parcs naturels régionaux de France.

Nous ____________________ le parc en 1977. 2. Le Queyras ______________ le premier — *ouvrir, être*

parc régional de haute montagne[4]. 3. Sur les 60330 hectares du parc, il y a seulement 2300 habitants[5].

Il y a des activités intéressantes, des randonnées[6] par exemple. Jusqu'à aujourd'hui, nous

____________________ 250 kilomètres pour les randonnées. 4. L'année dernière, une — *préparer*

famille de Paris ____________________ au Pic du Gazon[7]. 5. Elle ____________________ — *monter, rester*

une semaine à Saint-Véran, le village le plus haut[8] d'Europe. 6. Et au mois de juillet, on

______________ un groupe de Colmar. 7. Les jeunes ____________________ bien crevés — *avoir, arriver*

après leur bac, et ils ____________________ tout de suite une première descente du Guil[9] — *ouloir faire*

en kayak. 8. Alors je ______________ les voir et je leur ______________ de dormir d'abord — *venir, dire*

un peu. 9. Ils m'______________ quand même et ils ______________ faire leur — *écouter, partir*

descente un peu plus tard. 10. A la fin, ils ____________________ très fatigués. Vous voyez, c'est — *rentrer*

super, le Queyras en été!

9 *Ecouter et comprendre: Chez le médecin*

Lisa, une jeune étudiante de Hambourg, passe ses vacances à Grenoble. Mais un jour, elle ne va pas très bien …

a ▶ Avant l'écoute (Vor dem Hören): Lisez les annotations.

hier [jɛr] gestern
grave [grav] schlimm
devoir *hier:* schulden
payer la consultation [pejelakõsyltasjõ] die ärztliche Untersuchung bezahlen

b ▶ Ecoutez le texte et cochez les bonnes réponses. Plusieurs réponses sont possibles. (Mehrere Antworten sind möglich.)

1. Pourquoi est-ce que Lisa va chez le médecin?
Elle a mal à la tête. ☐
mal au ventre. ☐
mal au cœur. ☐
de la fièvre. ☐

2. Le médecin demande:
«Est-ce que vous avez faim?» ☐
«Est-ce que vous avez de la fièvre?» ☐
«Est-ce que vous avez froid?» ☐
«Qu'est-ce que vous avez fait hier?» ☐

3. Le médecin dit:
«C'est très grave.» ☐
«Une petite grippe, c'est tout.» ☐
«Il faut prendre des médicaments.» ☐
«Il ne faut pas rester au lit.» ☐

4. Et il ajoute:
«Voilà votre ordonnance.» ☐
«Il faut aller acheter des médicaments.» ☐
«En France, on paie la consultation tout de suite.» ☐
«Revenez dans deux jours.» ☐

Ex. 8: 1 **un parc naturel régional** [...natyrɛlreʒjɔnal] ein regionaler Naturpark – 2 **Queyras** [kɛras] – 3 **un guide** [ɛ̃gid] ein (Fremden-)Führer – 4 **la haute montagne** [...ot...] das Hochgebirge – 5 **un habitant** [ɛ̃nabitɑ̃] → habiter – 6 **une randonnée** [ynrɑ̃dɔne] eine Wanderung/Tour – 7 **le Pic du Gazon** [ləpikdygazõ] *ein Gipfel in den Alpen* – 8 **le (la) plus haut(e)** der/die/das höchste – 9 **Le Guil** [ləgil] *ein Gebirgsfluss*

10 *J'apprends le français comme troisième langue.* *(§ 37)*

► Regardez les dessins et complétez les phrases.

1. Le docteur habite

______________________________________.

2. Sophie est arrivée la ________________.

3. Mamie a fait une grande fête pour

____.

4. Le livre parle

______________________________________.

C L'Alpe d'Huez ou Ornon?

11 *Les derniers jours à Ornon* *(§ 38)*

Mme Drouet a passé la journée sur les pistes. Le soir, elle discute avec François.

voir	**parler**	**ranger**
écrire	**faire**	**inviter**

► Complétez avec les verbes au passé composé. Mettez aussi les pronoms objets.

1. – François, est-ce que tu as déjà téléphoné aux Tisserrand?

   – Oui, je *les ai invités* pour samedi soir.

2. – Est-ce que Gilles et Armelle peuvent venir aussi?

   – Je ______________________ de notre fête. Ils veulent préparer une surprise.

3. – Tu as pensé aussi à la lettre pour mamie?

   – Mais oui. Je __________________________________ ce matin.

4. – Tiens, est-ce que tu as rencontré les filles sur la piste?

   – Non, je ne ______________________________. Elles sont peut-être au café «Rocher Soleil».

5. – Il est déjà cinq heures et elles veulent encore faire les courses.

   – Je pense qu'elles ______________ déjà ______________. Attends, je vais regarder dans le frigo.

6. – Tu sais où sont mes skis de fond? Je ne les trouve pas!

   – Papa __________ déjà ________________ dans la voiture.

Ex. 10: 1 **un siècle** [ɛ̃sjɛkl] ein Jahrhundert

12 *Alexandre raconte* *(§ 36,38)*

Dans les montagnes, on raconte souvent des histoires. Pendant ses vacances dans les Alpes, Alexandre, un jeune étudiant de Grenoble, a entendu une histoire … une histoire vraie.

► Lisez le texte et accordez le participe passé quand c'est nécessaire.
(… und gleicht, wenn nötig, das *participe passé* an.)

1. Pendant l'hiver 1996, j'ai invité___ deux copains pour faire une grande randonnée en montagne. 2. Le soir, nous avons dormi___ dans un refuge[1], à 2000 mètres. 3. Il a neigé___ et une skieuse est arrivé___ au refuge. 4. Nous lui avons parlé___, mais elle ne nous a pas répondu___. 5. Elle a seulement dit: «Je suis tombé___ et j'ai mal à la tête.» 6. Nous lui avons donné___ à manger et nous sommes allé___ dormir. 7. Dans la nuit, il y a eu___ une tempête[2] et il a beaucoup neigé___. 8. Au matin, nous n'avons plus vu___ la skieuse. 9. Mon copain a dit: «Elle est peut-être parti___.» 10. Mais on n'a pas vu___ de traces[3] dans la neige devant le refuge. 11. Quand nous sommes arrivé___ au village, nous sommes allé___ au café et nous avons raconté___ l'histoire de la skieuse. 12. Les gens nous ont regardé___ et n'ont plus parlé___. 13. A la fin, quelqu'un a dit: «Il y a trois ans[4], une femme est parti___ en ski pour le refuge. Mais il y a eu une tempête et on ne l'a plus revu___. Mais elle revient de temps en temps pendant les nuits de tempête et elle entre dans le refuge. Ne pensez plus à elle …»

13 *En français: Des informations sur l'Alpe d'Huez*

Die Übung 13 findet ihr auf Seite 91 im Annexe.

14 *Une BD de Frank Margerin*

a ► Regardez la BD.
Pour vous aider, voilà quelques annotations:
s'éclater dans la poudreuse [pudrøz] sich im Pulverschnee amüsieren
vachement haut *(fam.)* [vaʃmão] unheimlich (weit) hoch *(ugs.)*
Hé, les gars! *(fam.)* [elega] He, ihr Burschen! *(ugs.)*
en bas [ãba] unten
payer le pot [pejeləpo] die Runde zahlen
une luge [ynlyʒ] ein Schlitten
le télé-ski der Schlepplift
lâcher qc [laʃe] etw. loslassen
refaire la queue [rəfɛrlakø] nochmals Schlange stehen
un court-circuit [ɛ̃kursirkɥi] ein Kurzschluss
s'arrêter [sarɛte] anhalten
t'inquiète pas! [tɛ̃kjɛtpa] Mach dir keine Sorgen!

(Die übrigen Wörter könnt ihr aus dem Kontext erschließen.)

b ► Racontez l'histoire de la BD.
Ecrivez dans votre cahier.

Ex. 12: 1 **un refuge** [ɛ̃rəfyʒ] eine (Schutz-)Hütte – 2 **une tempête** [yntãpɛt] ein Sturm/Unwetter – 3 **une trace** [yntras] eine Spur – 4 **il y a trois ans** vor drei Jahren

HAAA !! ON VA POUVOIR S'ÉCLATER DANS LA POUDREUSE !
CLANG !!
HÉ ? MAIS C'EST ALBERT !
ÇA ALORS ! IL EST MONTÉ VACHEMENT HAUT !
ALBERT HOUHOU ! ALBERT !
HÉ, LES GARS ! LE DERNIER EN BAS PAYE LE POT !!
MAIS... MAIS ?!..
LA LUGE... NON !!
PAF
PLUS BAS, AU TÉLÉ-SKI ...
ET MEEERDE !
PAS QUESTION DE LÂCHER POUR REFAIRE LA QUEUE !!
ET AUX TÉLÉ-SIÈGES...
ZUT ! UN COURT-CIRCUIT !
SCRITCH
ON
OFF
VA FALLOIR TOUT STOPPER !
HÉ ? QU'EST-CE QUI S'PASSE ? ON S'ARRÊTE ?
T'INQUIÈTE PAS ON VA REPARTIR DANS 5 MINUTES !

15 ✓ Auto-contrôle: Une lettre pour Gilles (§§ 31, 32, 33, 34, 35, 36, 38)

Hier könnt ihr wieder selbst überprüfen, was ihr könnt. Die Lösungen findet ihr auf Seite 95 eures *Cahier d'activités.*

Gilles a reçu une lettre de sa cousine Cathy. Elle écrit comment elle a passé son bac au lycée Montaigne à Bordeaux.

► Complétez avec les verbes au passé composé et avec les pronoms personnels disjoints. Ecrivez les pronoms dans les cases blanches. (Schreibt die unverbundenen Personalpronomen in die weißen Kästchen.)

Cher Gilles,

1. J'ai une bonne surprise pour ______: J' ______ mon bac la semaine dernière. Ouf! 2. En français, j' ______ sur un texte d'Arthur Rimbaud[1]. 3. Cela ______ facile. 4. Mais alors, quand nous ______ nos résultats[2]! 5. ______, j' ______ une très bonne note. 6. Mais mon copain Emmanuel, ______, il ______ de chance. 7. Il ______ réviser[3] beaucoup parce qu'il ______ dans un resto au mois de mai. 8. Les autres, ______, ______ des bonnes notes. Tu vois, quand on travaille bien …

passer — *devoir travailler* — *ne pas être* — *recevoir, avoir* — *ne pas avoir* — *ne pas pouvoir* — *travailler* — *avoir*

9. Et ______, comment ça va? 10. Merci pour les photos d'Ornon des vacances de février. Je les ______ à mes parents, ils les trouvent vraiment chouettes. 11. Ton bac S, tu vas le passer au mois de juin, non? ______ aussi, tu vas devoir travailler encore un peu.

montrer

12. La semaine dernière, je ______ en ville pour m'acheter des journaux avec les petites annonces, j' ______ à chercher un petit boulot. 13. Je ______ bien crevée: ça va être vraiment difficile de trouver un travail intéressant! Mais c'est différent pour les moniteurs de ski, je sais bien.

aller — *commencer* — *rentrer*

14. A propos: Nous allons nous voir bientôt parce que tes parents nous ______ pour le mois de juillet.

inviter

Alors, à bientôt.

Cathy

Ex. 15: 1 **Arthur Rimbaud** [artyrrɛ̃bo] *franz. Dichter* (1854–1891) – 2 **un résultat** [ɛ̃rezylta] ein Ergebnis/Resultat – 3 **réviser** [revize] wiederholen

A On va gagner!

1 Chez nous, on est cosmopolites[1]! (§ 39)

► Mettez les noms de pays, les nationalités et les adjectifs de nationalité. Ajoutez les articles et les prépositions, si nécessaire.

1. Elodie est ______________ (F) parce que son père est ______________ (F), mais sa mère vient ______________ (GB). 2. Elodie est née[2] ______________ (DK), mais maintenant, elle habite ______________ (B). 3. A la maison, elle parle ______________ (F) et ______________ (GB) avec ses parents, et à l'école, elle apprend aussi ______________ (D). 4. L'année dernière, elle a été ______________ (A) dans une famille ______________ (A) pour apprendre ______________ (D). 5. Elodie aime bien le petit accent ______________ (A). 6. Elle adore aussi la cuisine ______________ (I) parce qu'elle a souvent été ______________ (I) avec sa famille. 7. L'année prochaine, ils vont passer leurs vacances ______________ (NL) où ils vont rencontrer des amis ______________ (CH) et ______________ (DK).

2 Où est-ce qu'ils ont passé leurs vacances? (§ 39)

Après les vacances de février, les élèves de la 3e B du collège Jacques Prévert ont apporté des photos et parlent de leurs vacances.

► Où est-ce qu'ils ont été et qu'est-ce qu'ils ont fait? (Utilisez les verbes *être, visiter, faire, aller*.)

1. Christophe a été ____ Cologne, ______ Allemagne. Il a appris ______________.

2. Mélanie et Anne ______________ Londres, ______________. ______________________________.

3. Simon et Sophie ______________ Copenhague, ______________. ______________________________.

4. Laure ______________ Neuchâtel, ______________. ______________________________.

Ex. 1: 1 **cosmopolite** [kɔsmɔpolit] kosmopolitisch/weltoffen – 2 **être né(e)** [...ne] geboren sein

3 *A propos du vocabulaire*

► Ecrivez les mots dans les cases.

Alain est **1** d'une **2** de rugby[1]. La semaine prochaine, les jeunes vont participer au **3** du monde. Ils veulent **4** une **5** parce qu'ils sont en **6**. Mais ça va quand même être difficile parce que leurs **7** anglais ne dorment pas. Mais Alain est un bon **1** et son **2** l'aime beaucoup. Et les jeunes ont l'esprit **8** et ils sont très **9**. Ils vont peut-être rentrer avec une **5** de **10**.

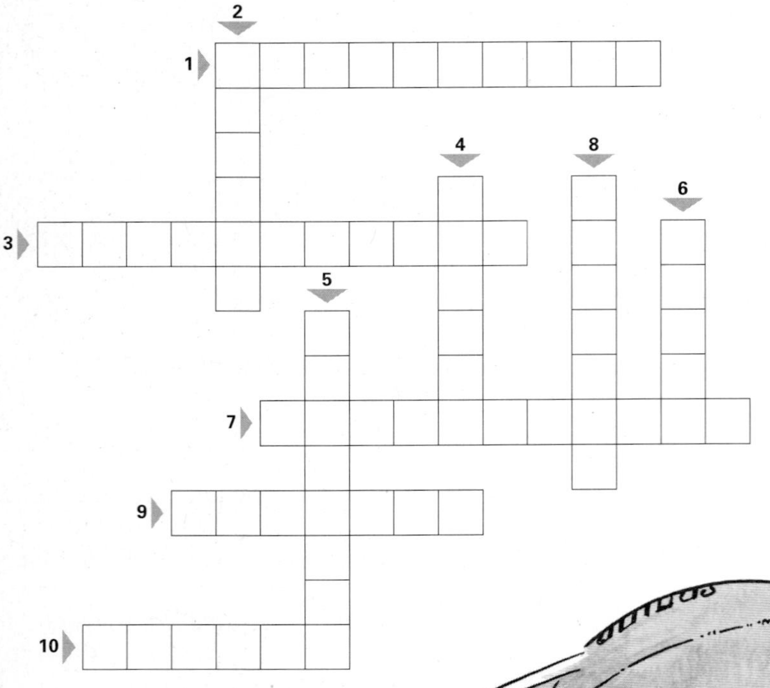

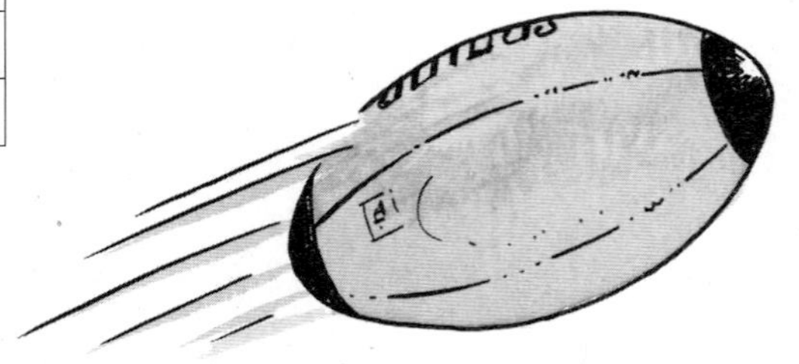

4 *On entend un [e], mais comment est-ce qu'il faut l'écrire?*

Nous sommes en 2076. M. Duroc, journaliste, fait un article sur le collège André Citroën. En 2076, on n'a plus besoin d'écrire: On dicte[1] le texte à son ordinateur, c'est tout. Mais l'ordinateur de M. Duroc a des problèmes avec les [e].

► Ajoutez les [e]. Attention à l'accord!

Un collège très branch_é_

Vous av_____ d____jà ____t____ au collège Andr_____ Citroën à Paris, dans le quarti_____ Balard?

On peut le visit_____. C'est une ____cole très int_____ressante et branch_____. La semaine dernière, à la rentr_____, je l'_____ visit_____ avec un collègue: Mais, on n'a pas vu d'____lèves!

L_____ sixièmes ont ____t____ aux ____tats-Unis pour leur module de g____ographie, les cinquièmes ont travaill_____ ch_____ eux avec leurs ordinateurs _____ l_____ quatrièmes ont surf_____ sur Histonet pour pr____par_____ d_____ leçons d'histoire.

Nous avons rencontr_____ deux professeurs _____nerv_____. Ils nous ont expliqu_____ à quelle heure on peut rencontr_____ d_____ _____lèves à l'____cole. C'est très difficile à comprendre! Puis, ils nous ont invit_____ à regard_____ l_____ salles et ils nous ont racont_____ des choses très int____ressantes.

Ex. 3: 1 **le rugby** [lərygbi] Rugby
Ex. 4: 1 **dicter qc** [dikte] etw. diktieren

B Les courses à Lille

5 David fait les courses. (§ 40)

David, 6 ans,
veut faire les courses
pour Mme Sabion.

a ▶ Mettez l'article défini, indéfini ou partitif.

1. *Mme Sabion:* Alors, tu prends du sucre, une bouteille ______ huile et une dizaine ______ oranges.
2. *David:* Je prends aussi ______ pommes?
3. *Mme Sabion:* Non, tu ne prends pas ______ pommes aujourd'hui. Mais, tu peux acheter ______ avocat et une boîte ______ escargots[1]. Je te fais une liste?
   David: Non, non, je vais penser à tout.
4. David part. Il pense: «Qu'est-ce qu'il faut acheter? Ah oui, ______ huile, ______ oranges, une dizaine ______ avocats et ______ escargots. Mais je n'aime pas ______ escargots!» Voilà son copain Pierrot.
5. *David:* Salut, Pierrot. Tu fais aussi les courses?
   Pierrot: Oui, je vais au supermarché. Je dois acheter ______ viande hachée, deux bouteilles ______ eau minérale[2] et ______ pizza.
   David: Moi, je vais à l'épicerie. Alors, salut.
6. David entre dans l'épicerie. Oh là là, les bonnes choses! Il y a ______ chocolat, ______ bonbons … et aussi ______ bêtises de Cambrai!
7. *David:* Bonjour, monsieur. Je voudrais un kilo ______ viande hachée, douze oranges, une boîte ______ bêtises de Cambrai … Mais quoi encore? Zut[3], je ne sais plus.

b *A vous* ▶ Trouvez une suite (eine Fortsetzung) à l'histoire. Ecrivez dans votre cahier.

6 Au marché

Die Übung 6 findet ihr auf Seite 92 im Annexe.

Ex. 5: 1 **un escargot** [ɛ̃nɛskargo] eine Schnecke *(mit Haus)* – 2 **l'eau minérale** *(f.)* [lomineral] Mineralwasser – 3 **Zut!** *(fam.)* [zyt] Mist *(ugs.)*

7 Mes rêves

a ▶ Complétez avec des mots de vos rêves.
Vous pouvez travailler à deux.

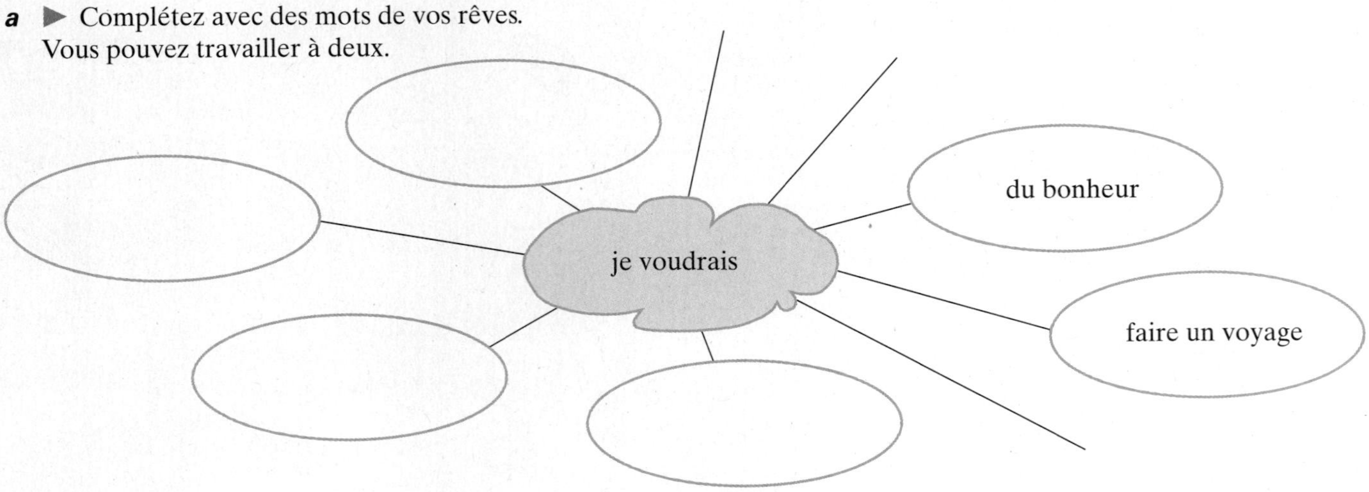

b ▶ Ecrivez un petit poème avec la structure:

Je voudrais ...
Je voudrais ...
Mais ...

C Ce soir, on fait la fête.

8 Mots croisés (§§ 41, 42, 43, 44)

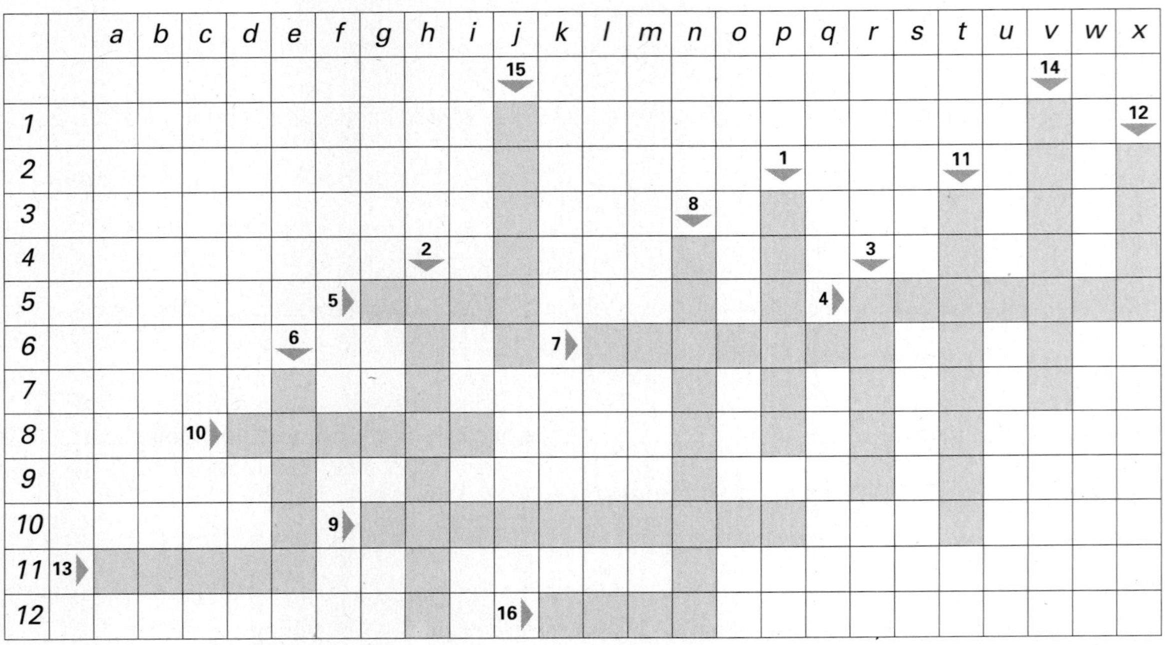

a ▶ Ecrivez les verbes dans les cases. N'oubliez pas les accents. (Vergesst die Akzente nicht.)

acheter	vendre	payer	préférer	commencer	manger	boire	mettre
1. j'	3. tu	5. il	7. elle	9. nous	10. tu	12. il	15. vous
2. nous	4. ils	6. vous	8. nous		11. nous	13. vous	16. je
						14. ils	

b ▶ Trouvez la phrase.

3x 5w — 4v 8e — 7n 3p 5i 6m 10e — 11b 5t 5j — 7n ^6r 7v 8h

c *A vous* ▶ M. Robin et sa fille Nathalie ont fait des courses en ville et puis, ils sont allés manger au restaurant. Il y a eu aussi une petite catastrophe. Utilisez les verbes de la partie ***a*** et racontez l'histoire.

9 A propos du texte

► Relisez le texte C, pages 84 et 85 de votre livre. Puis, lisez les phrases dans les bulles: Il y a toujours quelque chose de faux. (In jedem Satz ist etwas falsch.) Corrigez les phrases.

1. *Rosa-Maria ne vient pas d'Italie.*
   Elle est Espagnole.

2. ______________________________

3. ______________________________

4. ______________________________

5. ______________________________

6. ______________________________

10 *Faites l'interprète.* *(§§ 40, 46)*

M. Schaffer, journaliste autrichien, va travailler à Canal + à Paris pendant deux ans. Sa femme veut envoyer leur fils Max au collège André Citroën, mais elle voudrait d'abord quelques informations sur le collège. Mme Schaffer ne parle pas encore très bien le français. Alors, elle demande à sa voisine, Mme Bonnet, de téléphoner au collège pour elle. Mme Bonnet comprend l'allemand et va faire l'interprète. Au téléphone, elle parle avec Mme Lacour, la secrétaire du collège.

Mme Schaffer	Mme Bonnet	Mme Lacour
Fragen Sie Mme Lacour, wie viele Schüler in der 3ᵉ F sind.	1. ______	
	2. ______	Il y en a vingt-neuf.
Fragen Sie doch bitte auch, ob die Schule genug Lehrer hat.	3. ______ ______	
	4. ______ ______ ______	Mais, bien sûr. Est-ce que Max sait déjà parler français?
Er hat ein wenig Französisch in der Schule gelernt. Aber am Ende des Jahres hat er keine Französischstunden mehr gehabt, weil der Lehrer zwei Monate krank war.	5. ______ ______ ______ ______ ______	
	6. ______ ______ ______ ______	Est-ce que Max veut participer aux clubs du collège? Il y a beaucoup d'activités après les cours.
Max wird zu viele Hausaufgaben haben und wird an den Clubs in der Schule nicht teilnehmen können.	7. ______ ______ ______	
	8. ______ ______	Max va trouver beaucoup d'amis au collège André Citroën.
Sagen Sie Mme Lacour, dass ich mich für die Informationen bedanke und mich verabschiede.	9. ______ ______	

11 La région Nord-Pas-de-Calais[1] (§ 46)

Cap Gris Nez

Beaucoup de gens pensent
- que le Nord n'est pas une jolie région.
- qu'il n'y a pas de choses intéressantes à voir.
- qu'il y a trop de mines[2].
- qu'on ne peut pas passer ses vacances dans le Nord.

Paysage du Boulonnais

Mais ce n'est pas vrai!
Le Nord est une région très animée.
Il y a beaucoup de fêtes, il y a la mer, il y a des villes intéressantes, des jolis paysages[3] et des forêts[4].
Et il n'y a plus beaucoup de mines!

Le Nord a quatre millions d'habitants[5] et on dit que les gens du Nord sont très sympathiques.

Au bord de[6] la mer, dans les parcs naturels, vous pouvez nager, faire de la voile[7], du vélo[8] et du cheval[9].

Lille: Place Charles de Gaulle

Lille est la capitale[10] du Nord. C'est une grande ville agréable, avec des vieux[11] quartiers et des quartiers très modernes. Il y a un métro, des musées[12], des théâtres et des cinémas.
Il y a des grands magasins, mais aussi des marchés, par exemple le marché aux Puces de Waremmes.

Avec le Tunnel sous la Manche[13] et le TGV, la région est maintenant un carrefour[14] de l'Europe. Pour aller de Lille à Londres par le Tunnel, il faut deux heures seulement; pour aller de Lille à Paris, il faut une heure seulement!

Euralille: Quartier moderne

a ► Lisez le texte. Cherchez la région Nord-Pas-de-Calais sur la carte des régions au début de votre livre. (… am Anfang eures Buches.)

b ► Répondez. Utilisez *en* dans vos réponses.

1. Le Nord a combien *d'habitants*? ______________________
2. Est-ce qu'on trouve aussi *des forêts* dans la région? ______________________
3. Est-ce qu'il y a encore *beaucoup de mines*? ______________________
4. Est-ce qu'on peut faire *du sport* dans le Nord? ______________________
5. Est-ce qu'il y a *un marché aux Puces* à Lille? ______________________

c Mme Dufour veut passer ses vacances dans la région Nord-Pas-de-Calais. Mais M. Dufour n'est pas d'accord parce qu'il trouve que ce n'est pas une région où on peut passer des vacances agréables.
► Ecrivez le dialogue entre M. et Mme Dufour. Vous pouvez aussi utiliser les informations du texte B à la page 81 de votre livre.

Ex. 11: 1 **une région** [ynreʒjõ] eine Gegend/Region – 2 **une mine** [ynmin] ein Bergwerk – 3 **un paysage** [ɛ̃peizaʒ] eine Landschaft – 4 **une forêt** [fɔrɛ] ein Wald – 5 **un habitant** [ɛ̃nabitɑ̃] → habiter – 6 **au bord de** [bɔr] am Ufer – 7 **faire de la voile** [... vwal] segeln – 8 **faire du vélo** [...velo] Rad fahren – 9 **faire du cheval** [...ʃəval] reiten – 10 **la capitale** [lakapital] die Hauptstadt – 11 **vieux/vieille** [vjø/vjɛj] alt – 12 **un musée** [ɛ̃myze] ein Museum – 13 **le Tunnel sous la Manche** [lətynɛlsulamɑ̃ʃ] der Tunnel durch den Ärmelkanal – 14 **un carrefour** [ɛ̃karfur] eine (Verkehrs-) Kreuzung; *hier:* ein Knotenpunkt

12 Une BD: Anton

© Bayard Presse, Paris

a ▶ Regardez la BD.
Il y a des mots nouveaux (neue Wörter). Mais les dessins vous aident à les comprendre.

b ▶ Racontez l'histoire de la BD. Ecrivez dans votre cahier. Utilisez:

vacances – chanter – écouter – énervé – proposer – avoir un œil au beurre noir[2]

Pour vous aider:
la natation
le marathon
la gym(nastique)
le lancer du poids
courir **le** 100 mètres

13 Lire et comprendre

Un client difficile

Un monsieur entre dans une boulangerie et demande un croissant. Il le goûte[1] et dit: «Oh! C'est trop sec[2]! Je ne vais pas pouvoir manger ça!» Et il le rend à la vendeuse[3]. «Mais, monsieur ...» – «Non, c'est trop sec! Je voudrais un petit pain au chocolat, s'il vous plaît.» – «Et puis, vous allez me dire aussi que c'est trop sec!» dit la vendeuse. «Non, mais je vais vous demander de retirer[4] le chocolat parce que ça me fait mal au ventre!»
Et la dame retire le chocolat et donne le petit pain au monsieur. Le monsieur le goûte et dit: «C'est encore trop sec! Qu'est-ce que vous voulez? Vous avez retiré trop de chocolat! ... Tenez, je vous le rends.»
La dame est énervée: «Alors, monsieur, vous pensez que tout le monde peut venir ici, goûter à tout et me rendre le reste quand ce n'est pas bon! Vous me donnez 2 euros maintenant, et puis c'est tout!» – «Mais, vos croissants et vos pains au chocolat, je ne peux pas les manger!» – «Ça alors! Vous n'êtes plus un enfant! ... Vous devez savoir qu'un croissant est un croissant et un pain au chocolat un pain au chocolat, à votre âge, non?» – «Eh bien, je ne peux pas savoir avant que c'est si sec ... Qu'est-ce que vous avez d'autre? Vous avez des flans[5]?»
Mais la vendeuse n'écoute plus et commence à servir[6] les autres clients.

Texte adapté et modifié par rapport au texte original de Jacques Rouland, *Les employés du gag*, © Calmann-Lévy, Paris

a ▶ Lisez d'abord le texte. Puis répondez. Ecrivez dans votre cahier.

1. Qu'est-ce que le monsieur demande à la vendeuse et pourquoi est-ce qu'il lui rend tout?
2. Comment est-ce que la vendeuse réagit?

b *A vous* ▶ Répondez. Ecrivez dans vos cahiers.

1. La scène est un extrait (Auszug) de l' émission télévisée (Fernsehsendung) «La Caméra invisible»[7]. Dans «La Caméra invisible», on met quelqu'un dans une situation difficile pour rigoler. Qu'est-ce que vous en pensez?
2. Imaginez la réaction des autres clients.
3. Ecrivez une autre scène avec un client difficile (dans un autre magasin, à l'hôtel, au restaurant, etc.)

Ex. 12: 1 **la plage** [laplaʒ] der Strand – 2 **avoir un œil au beurre noir** [...ɛ̃nœjobœrnwar] ein blaues Auge haben
Ex. 13: 1 **goûter qc** [gute] etw. probieren – 2 **sec/sèche** [sɛk/sɛʃ] trocken – 3 **le vendeur/la vendeuse** [ləvɑ̃dœr/lavɑ̃døz] der/die Verkäufer(in) – 4 **retirer qc** [rətire] *hier:* etw. entfernen – 5 **un flan** [ɛ̃flɑ̃] ein Flan/Puddingkuchen – 6 **servir qn** [sɛrvir] jdn. bedienen – 7 **La Caméra invisible** [lakameraɛ̃vizibl] *entspricht der dt. Fernsehsendung „Verstehen Sie Spaß?"*

14 ✔ *Auto-contrôle: Un bon repas*[1] *(§§ 40, 41, 42, 43, 44, 46)*

Hier könnt ihr wieder selbst überprüfen, was ihr könnt. Die Lösungen findet ihr auf Seite 96 eures *Cahier d'activités.*

► Complétez avec les verbes. Mettez l'article défini, indéfini, partitif ou le pronom *en* quand c'est nécessaire.

Après le championnat de Lille, Lucie invite les amis du club. Avec Irène et Frédéric, elle va préparer un bon repas.

1. *Lucie:* Alors, qu'est- ce que nous ______________ (manger) ce soir? __________ spaghettis? __________ pizza? __________ salade niçoise[2]?

2. *Frédéric:* Moi, je ______________ (préférer) ______ salade niçoise.

3. *Lucie:* Et qu'est-ce que nous ______________ (boire) pendant le repas?

4. *Irène:* __________ limonade et __________ jus de fruits.

5. *Lucie:* Bon. Alors, il faut faire les courses. Toi, Frédéric, tu vas au supermarché et tu ______________ (acheter) ________ boissons. Et Irène et moi, on va à l'épicerie et on ______________ (acheter) ________ légumes.

6. *Frédéric:* D'accord. Alors, moi, je ______________ (payer) ________ boissons, et Irène et toi, vous ______________ (payer) le reste.

Un peu plus tard, dans la cuisine …

7. *Frédéric:* Où est-ce que je ______________ (mettre) les bouteilles?

8. *Lucie:* Tu peux les ______________ (mettre) sous la table. Bon, maintenant, ______________ (commencer) la salade. Toi, Frédéric, tu prépares ________ tomates. Tu ________ prends une dizaine.

9. *Frédéric:* Est-ce qu'il faut aussi ________ haricots verts[3]?

10. *Lucie:* Oui, il ________ faut deux boîtes.

11. *Frédéric:* Vous aimez ________ œufs[4] dans la salade?

12. *Irène:* Ah non! Lucie et moi, nous ______________ (préférer) la salade niçoise sans ______ œufs.

13. *Lucie:* Mais il faut ________ pommes de terre.

14. *Irène:* Moi, je prépare ______ sauce. Je la prépare avec __________ huile d'olive, d'accord?

15. *Lucie:* Oui, mais il ne faut pas mettre trop ______ sel.

16. *Irène:* Oui, oui, je sais … et puis, il faut aussi ________ olives. Une salade niçoise sans ______ olives n'est pas ________ salade niçoise.

17. *Lucie:* Zut! Je n'ai plus ______ olives. Et … on n'a pas ______________ (acheter) ________ salade verte.

18. *Frédéric:* Maintenant, c'est trop tard. Les magasins sont fermés. Alors, ______________ (manger) la salade niçoise sans ______ salade.

Ex. 14: 1 **un repas** [ɛ̃rəpa] ein Essen/eine Mahlzeit – 2 **la salade niçoise** [...niswaz] Nizzaer Salat – 3 **des haricots verts** *(m.)* [dearikovɛr] grüne Bohnen – 4 **un œuf/des œufs** [ɛ̃nœf/dezø] ein Ei/Eier

A «Sonia Arlain»

1 *Une journaliste chez Sonia Arlain* (§ 49)

Une journaliste vient faire un reportage sur la nouvelle collection. Sonia est dans le bureau.

► Complétez le dialogue. Mettez les verbes à l'impératif (avec un pronom ou sans pronom).

1. *Aurélie:* La journaliste est arrivée. Elle attend dans le couloir.

   Sonia: Très bien, dis-lui d'entrer. — *dire*

2. *La journaliste:* Bonjour, Madame Arlain.

   Sonia: Bonjour, Madame. ____________ place … — *prendre*

3. La journaliste regarde autour[1] d'elle. Il y a des cartons partout. Pas une seule chaise de libre.

   Sonia: Oh! Pardon! Aurélie, tu vois ces cartons? ____________ dans le bureau de Laurent, — *mettre*

   et ____________ deux tasses de café, s'il te plaît. — *apporter*

4. Quelques minutes plus tard, Aurélie revient.

   Aurélie: Je suis désolée, il n'y a plus de café.

   Sonia: Ah oui, c'est vrai. Voilà mon porte-monnaie. ____________ et ____________ — *prendre, aller*

   acheter du café à la petite épicerie.

5. *La journaliste:* Madame Arlain, ____________ de votre nouvelle collection. — *parler*

6. *Sonia:* Vous savez, elle n'est pas encore vraiment finie.

   La journaliste: Oui, bien sûr, mais ____________ un peu le nouveau style de — *expliquer*

   vos créations[2].

7. *Sonia:* ____________. Laurent, ____________, s'il te plaît. — *attendre, venir*

   Laurent: Oui?

8. *Sonia:* ____________: quand tu vas voir Aurélie, ____________ de nous apporter les — *écouter, dire*

   nouveaux catalogues de tissus.

9. Deux heures plus tard.

   Sonia: Voilà, vous savez tout maintenant. Si[3] vous avez encore des questions,

   ____________. — *téléphoner*

Ex. 1: 1 **autour d'elle** [otur...] um sich herum – 2 **une création** [ynkreasjõ] eine Kreation – 3 **si** *hier:* wenn/falls

2 Quelle surprise! (§§ 47, 48)

Après l'interview, Sonia Arlain et la journaliste décident d'aller manger ensemble. Elles sont maintenant dans la rue.
► Complétez le dialogue avec une forme de *quel* ou de *ce*.

1. *Sonia:* Nous allons dans ______ restaurant? ______ pizzeria ou ______ restaurant japonais?
2. *La journaliste:* Attendez, nous sommes bien dans la rue du Sentier. Eh bien, j'ai entendu dire qu'il y a dans ______ rue un très bon restaurant espagnol. On y va?
3. *Sonia:* D'accord. ______ idée est super.
4. Un peu plus tard, dans le restaurant, les deux femmes mangent avec appétit.

   Sonia: ______ petit vin[1] rouge est vraiment très bon.
5. *La journaliste:* Et ______ paella[2]! Hm ...! Vous prenez ______ dessert après, la mousse au chocolat ou un fruit?

   Sonia: La mousse au chocolat.
6. *La journaliste:* J'aime beaucoup les couleurs gaies de votre collection d'été. Et ______ couleurs est-ce que vous avez choisies pour ______ hiver?
7. *Sonia:* Eh bien, nous allons présenter une mode jeune ... Oh! Mais regardez ______ jeunes!
8. *La journaliste:* ______ jeunes?
9. *Sonia:* Là, près de la porte ... Mais, ______ jeune fille, c'est Aurélie, et ______ jeune garçon, c'est ... mon frère!

3 Jouez au détective. (§ 50)

1 = rouge	3 = vert	5 = noir	7 = marron
2 = blanc	4 = bleu	6 = jaune	8 = violet

Quatre personnes ont acheté des vêtements et des chaussures dans un grand magasin. Voilà leurs sacs.

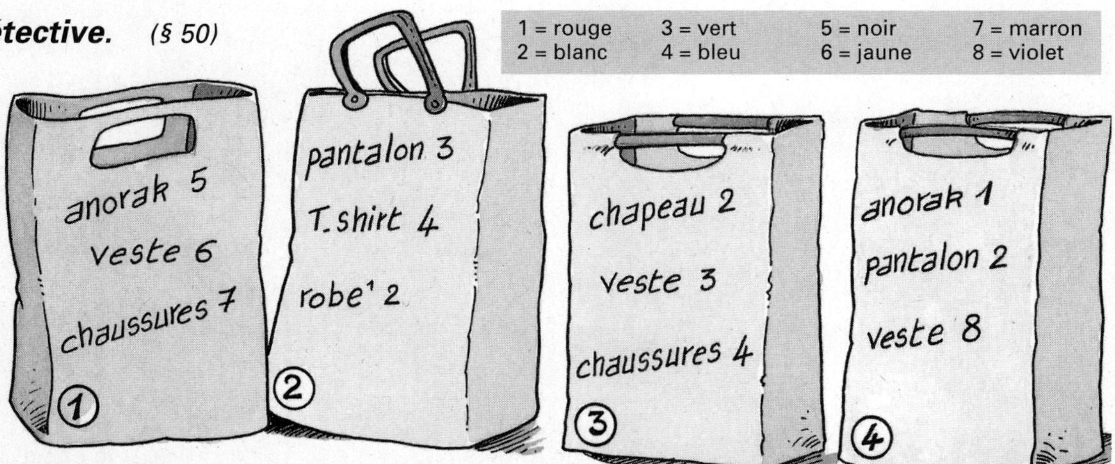

a ► Qu'est-ce qu'il y a dans les sacs des clients? Ecrivez dans votre cahier.

Exemple: *Dans le sac numéro 1, il y a un anorak noir, ...*

b ► A qui appartiennent les sacs? (Wem gehören ...?) Les informations sur les quatre clients vous aident à trouver la solution.

M. Legrand n'aime pas le vert et le noir.
Mme Duparc adore le blanc.
M. Sire n'aime pas le bleu.
Mme Monet n'aime pas les robes.

Le sac numéro 1 appartient à ______, le sac numéro 2 à ______, le sac numéro 3 à ______ et le sac numéro 4 à ______.

Ex. 2: 1 **le vin** [ləvɛ̃] der Wein – 2 **la paella** [lapae(l)ja/lapaela] *une spécialité espagnole*
Ex. 3: 1 **une robe** [ynrɔb] ein Kleid

4 Au marché aux puces (§ 51)

▶ Complétez avec les adjectifs *beau, nouveau, vieux.*

Yasmina adore les antiquités[1]. Elle va au marché aux puces avec son amie Anne. Mais Anne n'aime pas les vieilles choses …

1. *Yasmina:* Comment est-ce que tu trouves ce u ________ appareil photo?

   Anne: Bof! Je ne le trouve pas très b ________. Je préfère les n ________ appareils photo.

2. *Yasmina:* Et ces u ________ cartes postales. Elles ne sont pas super?

   Anne: Si. Elles sont b ________, mais je préfère les n ________ cartes postales en couleur.

3. *Yasmina:* Formidable cette u ________ armoire!

   Anne: Ah non! Elle n'est vraiment pas b ________! Et puis, 1000 €, c'est trop cher. Ma n ________ armoire a seulement coûté 600 € et elle est vraiment géniale.

4. *Anne:* Regarde, qu'est-ce que tu penses de mon n ________ chapeau?

   Yasmina: Je le trouve très b ________ et il va bien avec ton u ________ jean, tes u ________ chaussures et ton u ________ anorak!

5 A propos du vocabulaire

a ▶ Trouvez les mots du champ lexical *la mode.* Les définitions vous aident à trouver la solution.

1. On le porte.
   le vêtement
2. C'est un magasin.
   ____
3. On la trouve dans des catalogues.
   ____
4. Elle s'appelle «Sonia Arlain».
   ____
5. On le dessine.
   ____
6. On en fait les vêtements.
   ____
7. En été, on les préfère gaies.
   ____
8. Ce sont des petits objets de mode.
   ____

b A vous ▶ Travaillez à quatre. Découpez des vêtements dans des catalogues. (Schneidet … aus.) Faites-en un collage où vous présentez votre nouvelle collection d'été ou d'hiver. Décrivez-la aux autres groupes: Parlez du style, des couleurs …

Ex. 4: 1 **les antiquités** *(f., pl.)* [lezɑ̃tikite] → un antiquaire

B Une surprise au café

6 Un rendez-vous (§ 52)

appeler arriver commander se dépêcher entrer s'habiller se lever se mettre partir réagir regarder se taire voir

a ► Complétez le texte avec les verbes au présent ou à l'infinitif.

Exemple: Ce matin, à huit heures, Irène ne se lève pas tout de suite.

1. A neuf heures, sa mère ______________ dans sa chambre. Comment?! Encore au lit!
2. Alors, Irène doit ______________________.
3. Pour son rendez-vous avec Julien, elle ________________ très bien: Elle met[1] son nouveau jean rouge et un T-shirt noir.
4. A neuf heures et demie, Julien ________________ et les deux jeunes ________________ ensemble.
5. Sur la place Balard, ils ______________________ à la terrasse d'un café et __________________________ deux chocolats chauds.
6. Tout à coup, Irène __________ passer une jeune fille avec un garçon, et elle ____________.
7. Puis, elle ________________ le garçon: «Philippe!»
8. Le garçon la ________________, mais il ne _____________ pas.
9. Alors, Irène ________________ et …

b ► Le soir, Irène écrit dans son journal[2], elle raconte sa journée. Ecrivez le texte dans votre cahier. Utilisez le passé composé.

Ce matin, à huit heures, je ne me suis pas levée tout de suite …

c *A vous* ► Trouvez une fin à cette histoire. Utilisez le présent. Ecrivez dans votre cahier.

7 L'impératif (§§ 49, 52)

► Complétez les phrases. Mettez l'impératif.

se lever

se dépêcher

Ex. 6: 1 **mettre qc** *hier:* etw. anziehen – 2 **le journal** *hier:* das Tagebuch

se regarder

écrire

s'habiller

raconter

8 Ecouter et comprendre: Comment décrire quelqu'un

a ▶ Avant l'écoute:
Relisez d'abord l'exercice *On dit*, page 95 de votre livre. Puis, lisez les annotations.

assez *hier:* ziemlich – **marrant,e** *(fam.)* [marɑ̃,t] witzig/komisch – **des fois/parfois** manchmal – **le surf des neiges** [ləsœrf...] Snowboardfahren – **pénible** *(fam.)* schwierig/nervig – **s'engueuler** *(fam.)* [sɑ̃gœle] sich anbrüllen – **la clarinette** → D

b ▶ Ecoutez les interviews une première fois. Puis, écoutez encore une fois et complétez la première partie du tableau (Tabelle): Mettez les informations sur le physique (das Äußere) des deux jeunes.

	la copine	le frère
❶ le physique	Elle est ______________. Elle a ______________ et ______________.	Il est ______________. Il a ______________ et ______________.
❷ le caractère		
❸ les activités		

c ▶ Ecoutez les interviews une troisième fois et complétez la partie ❷ et ❸ du tableau.

9 *Mais qu'est-ce qu'ils font?*

M. et Mme Drouet sont partis en week-end. Dimanche matin, à onze heures, ils téléphonent à leurs enfants pour savoir si tout va bien. Florence leur raconte leur journée.

► Ecrivez le texte. Utilisez *venir de, être en train de* et le futur composé.

11 heures

1. *Florence:* Moi, je viens de m'habiller et maintenant, je ______

______. Cet après-midi, je ______

2. François et Christine ______

______

______

3. Mamie ______

______

Et vous, qu'est-ce que vous êtes en train de faire?

4. *M. Drouet:* Nous? Eh bien, nous ______

______

______

10 Lire et comprendre

Je me trouve moche!

Je ne me trouve pas moche, je suis moche. Bien sûr, tout le monde me dit que ce n'est pas vrai. Mais, moi, je le sais: je suis moche. Par exemple,quand je me trouve dans le métro ou dans la rue, je regarde les autres filles et je me dis: «Tiens, elle est jolie avec ses longs cheveux blonds et l'autre, devant la boutique, elle a un très beau pull. Il va super bien avec ses yeux bleus.» Puis, je me pose la question: «Et moi, qu'est-ce que j'ai?» Je n'ai toujours pas trouvé de réponse. Pourtant, elle est facile: Je me trouve grosse[1]. Quand on me voit dans la rue, on peut penser que je suis mince[2]. Faux! Moi, je sais et je me sens grosse surtout quand je veux m'acheter des vêtements: j'essaie un pantalon, un T-Shirt, c'est horrible. Maintenant, on ne me voit plus souvent dans les boutiques en train de chercher Le jean ou La veste.

Julie 14 ans

D'après: Phosphore, mai 1995, © Bayard Presse

a ► Répondez aux questions.

1. Comment est-ce que Julie se trouve quand elle se regarde?

____

____

2. Comment est-ce que les gens dans la rue la trouvent?

____

____

b *A vous* ►Dans la rubrique «Courrier des lecteurs[3]» du journal PHOSPHORE[4], des jeunes peuvent écrire des lettres à des jeunes. Répondez à Julie. Ecrivez-lui une petite lettre.

____

____

____

____

____

____

Ex. 10: 1 **gros/grosse** [gro/gros] dick – 2 **mince** [mɛ̃s] schlank – 3 **Courrier des lecteurs** [kurjedelɛktœr] Leserpost – 4 **PHOSPHORE** [fɔsfɔr] *franz. Jugendzeitschrift*

11 Dites-le avec des fleurs

a ▶ Décrivez l'image.
Ecrivez dans votre cahier.

b ▶ Qu'est-ce que le garçon et la jeune fille pensent, à votre avis? (Vous pouvez utiliser des expressions de l'exercice *On dit*, page 95 de votre livre.)
Ecrivez dans votre cahier.

c ▶ Qu'est-ce que les deux jeunes vont se dire? Faites le dialogue. Ecrivez dans votre cahier.
Commencez comme ça:

Le garçon:

Bon anniversaire!

© Bayard Presse

12 ✔ Auto-contrôle

Hier könnt ihr wieder selbst überprüfen, was ihr könnt. Die Lösungen findet ihr auf Seite 96 eures *Cahier d'activités.*

1. Le pronom interrogatif *quel* (§ 47)

Les espions 001 et 002 sont dans un café. L'espion 001 a un projet formidable, mais 002 est un peu bête[1] et il ne comprend pas.

▶ Posez les questions de 002. Utilisez le pronom interrogatif *quel.*

1. *001:* Je viens de voir le dernier modèle sport de chez COBRI[2].

   002: ______________________________

2. *001:* Le modèle 2500 GTI. Tu vas aller dans l'usine.

   002: ______________________________

3. *001:* Dans l'usine COBRI 2005, et tu vas faire des photos des modèles de l'année prochaine.

   002: ______________________________

4. *001:* Des modèles 2800 sport, 2000 turbo diesel, 3500 extra classe. Ils sont dans un grand garage.

   002: ______________________________

5. *001:* Près de l'usine. Et tu penses à l'appareil photo, 002!

   002: Oui, mais ______________________ est-ce que je prends?

   001: Le petit appareil, bien sûr.

Ex. 12: 1 **bête** [bɛt] dumm – 2 **COBRI** *Automarke*

2. L'impératif avec un pronom (§ 49)

Dans l'usine, Marcel, le vendeur, voit tout de suite que 002 n'est pas un client normal. Il téléphone à son chef …

▶ Mettez les réponses du chef à l'impératif.

1. *Marcel:* Chef, il y a un client bizarre[1] dans l'usine. Il pose beaucoup de questions.

   Le chef: (Tu lui demandes d'attendre une minute.)

   ____

2. *Marcel:* Mais il veut essayer tout de suite les modèles de l'année prochaine.

   Le chef: (Tu les laisses dans le garage.) ______________________________

3. *Marcel:* Et il a un appareil photo.

   Le chef: (Tu l'invites à regarder le nouveau catalogue. Pendant ce temps, je téléphone à la police[2].)

   ____

4. *Marcel:* Mais il va peut-être me demander des explications …

   Le chef: (Tu lui dis que tu ne peux pas lui répondre. Et tu le surveilles: pas de photos!)

   ____

5. *Marcel:* Et chef! Qu'est-ce que je fais s'il veut partir? Est-ce que je peux fermer la porte?

   Le chef: (Oui, tu la fermes à clé.) ______________________

3. Les verbes de la leçon (§§ 52, 53)

a ▶ Complétez le poème avec les verbes. Les dessins vont vous aider …

se taire quitter
se lever croire écrire
ne pas m'entendre

J'ai trop rêvé …

Elle m'a plu
Mais, elle ne m'a pas cru

Elle me plaît
Mais, moi, je ________________

Elle me fait rire[3]
Mais, moi, je n'ai pas le courage[4] de lui ______________

Hier, je l'ai vue
Mais, elle ______________________________

Je me suis dépêché
Mais quand je suis arrivé

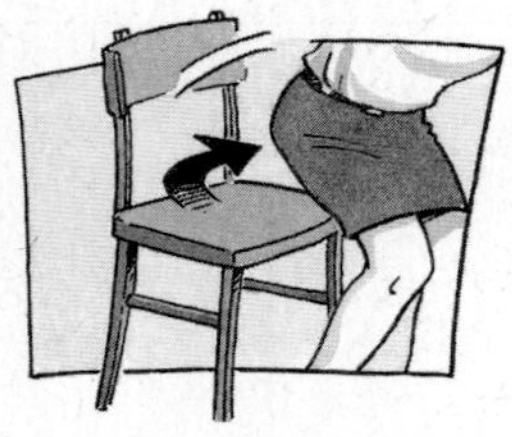

Elle, elle ____________________
Comme ça, elle m'______________________.

b ▶ Ecrivez le poème encore une fois dans votre cahier. Mais commencez comme ça: **Il** m'a plu …

Ex. 12: 1 **bizarre** [bizar] merkwürdig – 2 **la police** die Polizei – 3 **faire rire qn** jdn. zum Lachen bringen – 4 **le courage** der Mut

A Dans une famille française

1 A propos du texte

a ▶ Relisez le texte A, pages 102 et 103 de votre livre, et trouvez un titre pour les cinq parties du texte.

1. ____________________

2. ____________________

3. ____________________

4. ____________________

5. ____________________

b ▶ Répondez aux questions. Ecrivez les réponses dans votre cahier.

1. Pourquoi est-ce que les correspondants allemands vont à Paris?
2. Pourquoi est-ce que Katharina est étonnée quand elle arrive chez les Garrigue?
3. Katharina a des problèmes pour comprendre les Garrigue. Comment est-ce qu'elle réussit quand même à les comprendre?
4. Qu'est-ce que Katharina donne aux Garrigue?
5. Qu'est-ce que Carole et Alain ont préparé pour le repas du soir?
6. Comment est-ce que Katharina trouve la quiche?
7. Quelle est la différence entre les biftecks que Katharina mange à la maison et le bifteck qu'elle mange en France?
8. Pourquoi est-ce que les Garrigue ne comprennent pas que Katharina ne veut pas d'infusion?
9. Quel est le problème de Katharina quand elle veut se mettre au lit?

2 Lettre à une amie belge (§ 54)

▶ Complétez avec les pronoms relatifs *qui, que, où.*

Chère Murielle,

Merci pour la lettre ________ tu m'as écrite. Je suis arrivée hier à Paris ________ je vais rester quinze jours. Je n'ai pas aimé le voyage ________ on a fait avec les autres correspondants: six heures de train, je trouve que c'est trop long! La famille ________ m'a reçue est très sympa. Surtout Carole, ma corres ________ m'écrit depuis deux ans. Dans cette famille, je n'ai pas le temps de chercher dans mon dictionnaire (________ j'ai laissé à Stuttgart!) parce qu'ils parlent trop vite. Le premier soir, c'est Carole et Alain ________ ont fait la cuisine. Alain, c'est le frère de Carole. C'est lui ________ me parle en anglais quand je ne comprends pas en français! Après, je suis allée dormir. Mais quand je suis arrivée dans la chambre ________ je dors, catastrophe: il n'y a pas de couette sur les lits, en France! Demain, Carole va me montrer Paris. Chouette!

A bientôt,

Katharina

3 Les photos de Carole (§ 54)

Mardi soir, Carole et Katharina ne sortent pas. Carole montre des photos à sa correspondante.

▶ Complétez avec les verbes au passé composé.

Exemple:

Ça, c'est la robe que j' ai mise (mettre) pour mon anniversaire.

1. Là, ce sont les cadeaux que j' ____________ (avoir) pour mon anniversaire.

2. Voilà les pizzas que ma mère ____________ (faire) pour ma fête d'anniversaire.

3. Ça, c'est une photo que j' ____________ (prendre) à Noël[1].

4. Là, je lis la lettre que tu m' ____________ (écrire).

5. Ça, c'est le train que j' ____________ (prendre) pour aller en Angleterre, l'été dernier.

4 Quand on ne connaît[1] pas le mot …

a ▶ Lisez d'abord les stratégies (Lerntechniken), page 104 de votre livre. Puis complétez.

	Stratégies	Exemples	Quel est le mot?
Quand on ne connaît pas le mot, on peut …	1. l'expliquer par une phrase,	Il faut en prendre quand on est malade.	____________
	2. donner une définition,	C'est un magasin où on peut acheter du pain.	____________
	3. l'expliquer par le contraire,	C'est le contraire d'*arriver*.	____________
	4. utiliser des mots comme *un truc*,	C'est un truc où on range ses vêtements.	____________
Le 5, c'est nouveau.	5. mettre à sa place un autre mot qui veut dire la même chose.	Un autre mot pour *aimer beaucoup*.	____________

b ▶ Travaillez en groupes. Ecrivez d'autres exemples. Puis, lisez les phrases à vos copains de classe. Est-ce qu'ils vont trouver le mot? Si oui, bravo! Vous avez bien expliqué.

Ex. 3: 1 **Noël** [nɔɛl] Weihnachten
Ex. 4: 1 **connaître qc** [kɔnɛtr] etw. kennen

5 Acheter une télécarte

Die Übung 5 findet ihr auf Seite 93 im Annexe.

6 Vive la différence[1]!

Un soir, Alain qui a déjà passé deux semaines en Allemagne chez son correspondant, discute avec Katharina. Ils parlent des différences entre la France et l'Allemagne.

► Qui peut dire quoi?

	C'est Alain qui le dit	C'est Katharina qui le dit
1. Chez moi, on a des tasses au petit déjeuner, mais ici, il n'y en a pas.	❏	❏
2. Chez vous, on mange trop le matin.	❏	❏
3. Chez vous, on aime la bonne cuisine.	❏	❏
4. C'est bien, dans vos écoles, il y a souvent une grande bibliothèque où on peut travailler.	❏	❏
5. Vous n'avez pas cours du matin au soir; c'est bien, vous avez beaucoup de temps pour vous.	❏	❏
6. Pendant vos cours, vous discutez beaucoup avec les profs. Nous, on ne le fait pas souvent.	❏	❏
7. Hier, dans la cour du collège, un garçon est venu et il m'a fait la bise. Je ne sais pas qui c'est, mais j'ai quand même bien rigolé.	❏	❏

B Une promenade dans Paris

7 Au Centre Pompidou (§ 56)

Carole rencontre sa copine Mélanie dans la rue …

a ► Complétez le texte avec *en* ou *y*.

1. *Carole:* Est-ce que tu es allée au Centre Pompidou, cette semaine?

   Mélanie: Oui, j'______ reviens! J'______ suis allée avec Sylvie. Nous ______ avons vu une exposition[1] sur le surréalisme[2].

2. *Carole:* Et qu'est-ce que vous ______ avez pensé?

3. *Mélanie:* J'______ ai parlé avec Sylvie dans le métro. Nous avons beaucoup aimé l'exposition.

4. *Carole:* Qu'est-ce que tu ______ as préféré?

5. *Mélanie:* J'ai préféré les tableaux de Dalí. Dans ses tableaux, il ______ a beaucoup d'humour[3]. J'______ trouve aussi beaucoup d'ironie.

6. *Carole:* Je vais peut-être ______ aller samedi après-midi.

7. *Mélanie:* Vas-______, si tu ______ as envie … Mais n'______ va pas avec Frédéric pour faire un reportage: il va détester ça! Il n'aime pas les expositions, il préfère les concerts de rock!

Ex. 6: 1 **Vive la différence.** [vivladiferɑ̃s] Es lebe der Unterschied.
Ex. 7: 1 **une exposition** [ynekspozisjõ] eine Ausstellung – 2 **le surréalisme** [ləsyrealism] Surrealismus *(Bezeichnung für eine nach 1918 in Paris entstandene avant-gardistische Bewegung in Literatur, bildender Kunst, Fotografie und Film)* – 3 **l'humour** *(m.)* [lymur] der Humor

b ▶ Traduisez les phrases avec *en* et *y*.

1. ______________________________

____

____

2. ______________________________

3. ______________________________

4. ______________________________

5. ______________________________

____

6. ______________________________

7. ______________________________

____

8 *L'anniversaire de Katharina* (§ 57)

Alain et Carole préparent une fête pour l'anniversaire de Katharina, la correspondante de Carole.

▶ Faites des phrases à l'impératif avec les mots en italique (mit den kursivgedruckten Wörtern).
Ajoutez le pronom qui convient à la place du ?. (Ergänzt das passende Pronomen anstelle des ?.)

1. *Carole:* Tu dois encore acheter un cadeau pour l'anniversaire de Katharina. *(oublie / ne / ? / pas)*

   Ne l'oublie pas.

2. *Alain:* Oh, je l'ai déjà trouvé, mais c'est une surprise. *(? / parle / n' / à Katharina / pas)*

   ____

3. *Carole:* Attends! ______________________________ quel cadeau tu vas acheter. *(pas / dis / ne / ?)*

   Je vais le deviner[1]: c'est un CD!

4. *Alain:* Bravo! Est-ce que j'achète aussi un gâteau[2]? *(Non, / ? / pas / achète / n')*

   Carole: ______________________________ On va faire une quiche.

   Moi, je vais aller au supermarché pour acheter le cadeau de Katharina.

5. *Alain:* ______________________________ *(achète / ne/ ? / pas / aussi un CD)*

   Bon, allez, salut. Moi, je vais chez Virgin[2].

Ex. 8: 1 **deviner qc** [dəvine] etw. (er)raten – 2 **un gâteau** [gɑto] ein Kuchen – 3 **Virgin** [virʒɛ̃] *Name eines Schallplattengeschäfts*

6. *Carole:* Attends! J'ai besoin de toi pour porter les cadeaux! *(ne/ ? /promener / va /pas / en ville)*

____ pendant des heures.

7. *Alain:* Et quand est-ce que j'achète le CD? Tu veux venir avec moi chez Virgin?

Carole: D'accord. ______________________ *(Mais / allons / ? / n' / pas / tout de suite)*

______________________ Allons d'abord au supermarché. OK?

9 [La quiche au fromage]* (§ 55)

Carole a téléphoné à sa copine Florence pour avoir la recette[1] de la quiche au fromage[2].
Après, elle explique à son frère comment il faut la faire.

► Complétez avec *ce que / ce qui / ce qu'*.

1. *Alain:* Tu peux me répéter __________ elle t'a dit? Est-ce qu'on a __________ il nous faut?
2. *Carole:* Je n'ai pas tout compris. __________ est bête[3], c'est que je ne sais pas combien d'œufs

   il faut prendre: deux ou trois?
3. *Alain:* Moi, __________ j'aime, c'est quand il y a beaucoup de fromage! __________ est important

   dans la quiche au fromage, c'est le fromage!

   Mais __________ je préfère, c'est la quiche du traiteur[4] de la rue Balard.

   __________ on peut faire, c'est aller en acheter une!
4. *Carole:* __________ est super, avec toi, c'est que tu aimes beaucoup travailler!

   Allez, viens, on va chez le traiteur!

10 [Traduisez.]* (§§ 54, 55, 56, 57)

Samedi soir, les correspondants allemands sont rentrés à Stuttgart.
A la maison, Katharina discute avec ses parents de son voyage à Paris.

► Traduisez en français. Ecrivez dans votre cahier.

1. *Katharina:* Die Garrigues haben eine kleine Wohnung, die sie mir am ersten Abend gezeigt haben.
2. *Der Vater:* Hast du denn alles verstanden, was sie dir gesagt haben?
3. *Katharina:* Nein. Ich habe vielleicht die Hälfte von dem verstanden, was sie mir gesagt haben. Aber es hat trotzdem funktioniert. Und die Familie ist sehr nett zu mir *(avec moi)* gewesen.
4. *Die Mutter:* Ja, darüber hast du schon am Telefon gesprochen. Mit wem bist du (denn)** abends ausgegangen, mit Carole oder mit ihrem Bruder Alain?
5. *Katharina:* Aber Mama! Frag mich (doch)** nicht so etwas *(ça)*. Wir sind sehr oft gemeinsam ausgegangen.
6. *Der Vater:* Was hast du denn in Paris vor allem gemocht?
7. *Katharina:* Die Gemälde, die ich im Louvre gesehen habe. Der Louvre ist wirklich super.
8. *Der Vater:* Und dort hast du die „Joconde" gesehen!

Ex. 9: * Diese Übung ist für das Bundesland Bayern verbindlich.
1 **une recette** [ynrəsɛt] ein Rezept – 2 **une quiche au fromage** ein Speckkuchen mit Käse – 3 **bête** [bɛt] dumm – 4 **un traiteur** [ɛ̃trɛtœr] ein Feinkostgeschäft

Ex. 10: * Diese Übung ist für das Bundesland Bayern verbindlich.
** Diese Klammer braucht nicht übersetzt zu werden.

Vous avez envie de voir Paris de plus près?

Alors allez-y
et partez à la découverte
d'un Paris un peu différent.

①

②

③

④

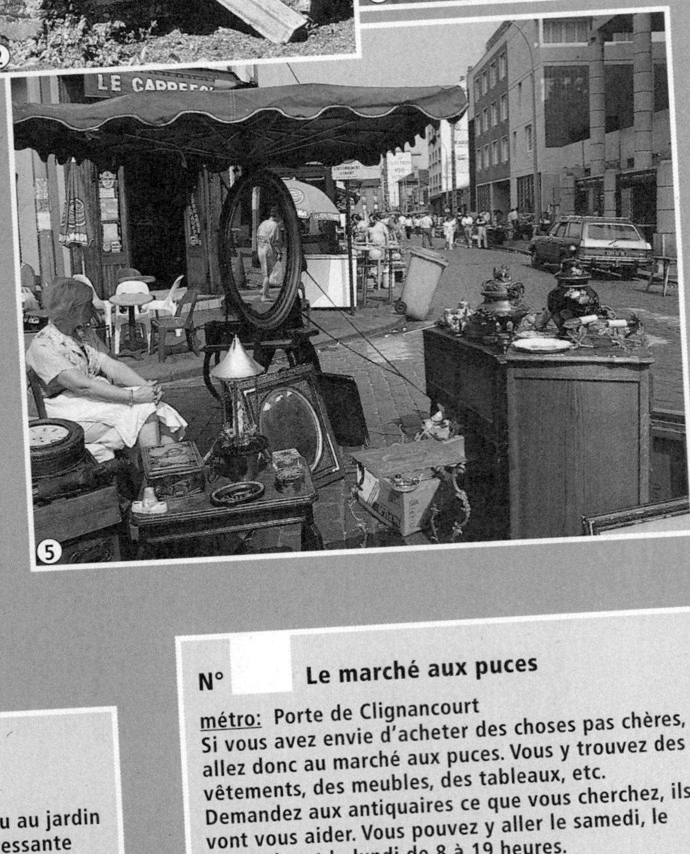
⑤

N° ____ Le cimetière du Père Lachaise

métro: Père Lachaise
Ce grand cimetière très intéressant est comme un parc. Vous pouvez y trouver des très grands et très vieux tombeaux[1], par exemple les tombeaux de Molière[2] et de La Fontaine[3], mais aussi d'Edith Piaf[4] et de Jim Morrison[5]. Et c'est joli de s'y promener en automne!

N° ____ Le jardin des Plantes[6]

métro: Gare d'Austerlitz
Prenez le temps de vous promener un peu au jardin des Plantes. Vous allez adorer cette intéressante collection de plantes et d'animaux du monde.

N° ____ La statue de la Liberté[7]

métro: Javel ou Bir Hakeim
Que fait la statue de la Liberté ici, pont de Grenelle? On peut croire qu'on arrive à New York, mais la statue de Paris fait seulement 9 mètres et elle regarde la Seine. C'est un cadeau des Américains à la ville de Paris pour l'exposition universelle[8] de 1889.

N° ____ Le marché aux puces

métro: Porte de Clignancourt
Si vous avez envie d'acheter des choses pas chères, allez donc au marché aux puces. Vous y trouvez des vêtements, des meubles, des tableaux, etc. Demandez aux antiquaires ce que vous cherchez, ils vont vous aider. Vous pouvez y aller le samedi, le dimanche et le lundi de 8 à 19 heures.

N° ____ Les égouts[9]

métro: Alma-Marceau
Pour se promener sous Paris, il y a aussi les égouts. Vous pouvez alors voir comment fonctionne[10] l'alimentation en eau[11] d'une grande ville comme Paris. Mais attention, c'est fermé le jeudi, le vendredi et les jours de pluie[12].

a ▶ Cherchez les photos et les textes qui vont ensemble. Ecrivez les chiffres des photos dans les cases.

b ▶ Ihr seid zu einem Kurzbesuch in Paris und wollt alle fünf vorgeschlagenen Sehenswürdigkeiten besichtigen. Wählt unter dem Gesichtspunkt der kürzesten und sinnvollsten Metro-Verbindungen eine Reihenfolge der Besichtigung aus und notiert die Metrolinien in euer Heft. Benutzt den Metroplan, der sich ganz am Ende eures Schülerbuchs befindet.

Commencez comme ça:

«Je visite d'abord … Pour visiter …, je prends la direction …, je change à …»

12 *[Alain veut toujours la moitié de la tarte[1]]** *(§ 58)*

Quand il y a de la tarte, dans la famille Garrigue, ce n'est pas facile! M. Garrigue propose: «Bon, on est quatre, on fait quatre quarts de tarte, non?» Mais pour Mme Garrigue, un quart de tarte, c'est trop gros[2], et un huitième, c'est trop petit. Alain, lui, veut toujours un gros morceau. Pour Alain, un quart, c'est trop petit. Il dit qu'il veut une demi-tarte. Mais M. Garrigue n'est pas d'accord, il ne veut pas seulement un tiers de l'autre moitié de la tarte: ça fait un sixième de tarte! M. Garrigue veut au moins[3] un quart de tarte! Carole, elle, veut entre un huitième et un cinquième de tarte.

a ▶ Que veulent M. Garrigue, Mme Garrigue, Alain et Carole? Faites une liste.

Exemple: M. Garrigue veut entre un sixième et un quart de tarte.

____

____

____

b ▶ Aidez la famille Garrigue. Est-ce que tout le monde est d'accord si on fait huit huitièmes? Expliquez pourquoi (pas).

____

____

c ▶ Et si on fait sept septièmes? Distribuez (Verteilt …) les parts.

____

____

____

Ex. 11: 1 **un tombeau** [ɛ̃tõbo] eine Grabstätte – 2 **Molière** [mɔljɛr] *franz. Komödienautor des 17. Jahrhunderts* – 3 **La Fontaine** [lafõtɛn] *franz. Fabeldichter des 17. Jahrhunderts* – 4 **Edith Piaf** [editpjaf] *berühmte franz. Sängerin* (1915–1963) – 5 **Jim Morrison** (1943-1971) *legendärer Sänger der amerikan. Rockgruppe „The Doors"* – 6 **le jardin des Plantes** [...plɑ̃t] der Botanische Garten – 7 **la statue de la Liberté** [lastatydəlalibɛrte] die Freiheitsstatue – 8 **une exposition universelle** [ynekspozisjõynivɛrsɛl] eine Weltausstellung – 9 **les égouts** *(m.)* [lezegu] das Kanalisationsnetz – 10 **fonctionner** [fõksjɔne] → D – 11 **l'alimentation** *(f.)* **en eau** [lalimɑ̃tasjõɑ̃no] die Wasserversorgung – 12 **la pluie** [laplɥi] der Regen

Ex. 12: 1 **la tarte** [latart] der Kuchen – 2 **gros/grosse** [gro/gros] dick; *hier:* groß – 3 **au moins** mindestens

* Diese Übung ist für das Bundesland Bayern verbindlich.

13 Ecouter et comprendre: Devant la gare de l'Est[1]

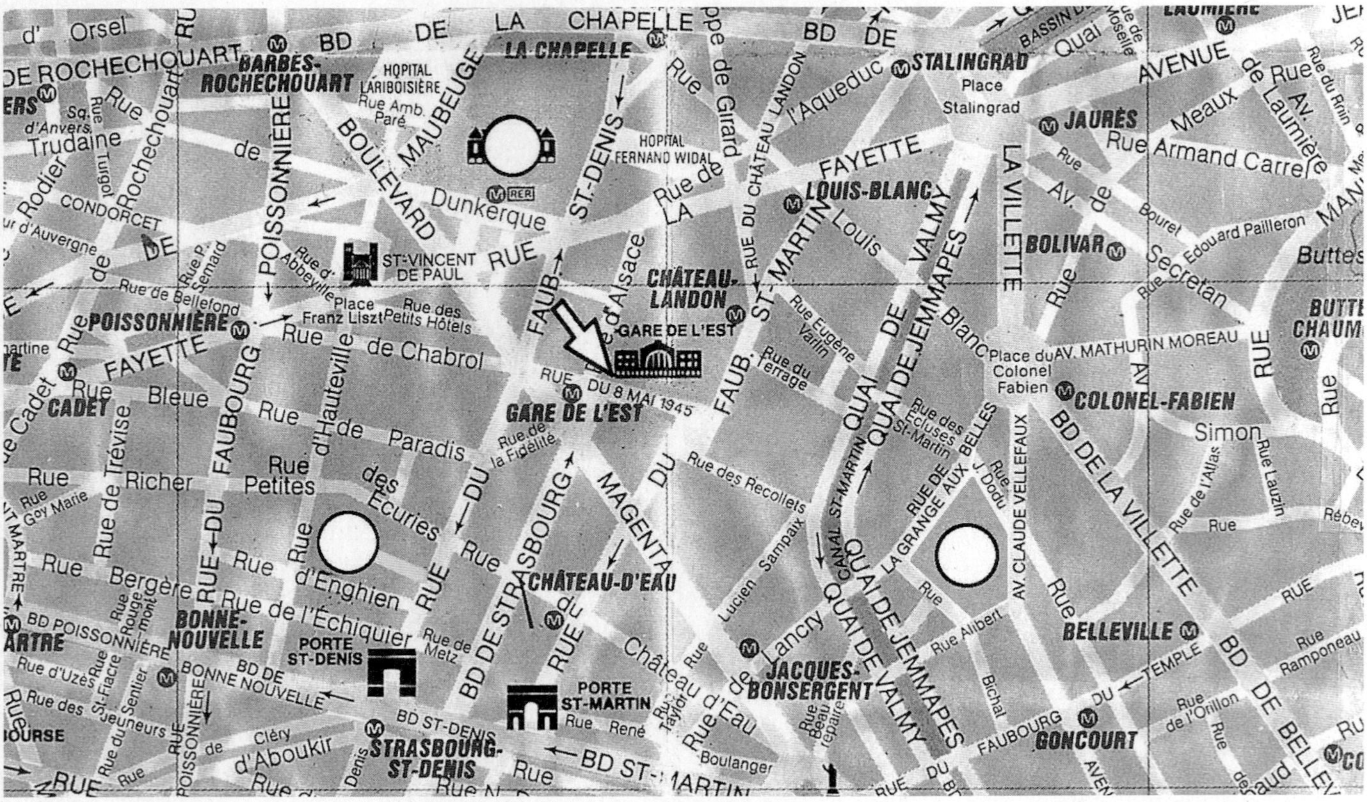

a ► Schaut euch den 10. Bezirk von Paris an. Lest die Namen der Gebäude, nach denen im Folgenden gefragt wird.

1. la gare du Nord[2]
2. le restaurant Flo[3]
3. l'hôpital Saint-Louis[4]

b ► Hört die Dialoge ein erstes Mal an. Hört die Dialoge dann ein zweites Mal an. Zeichnet den zurückgelegten Weg ein und schreibt die Zahlen 1 bis 3 in die richtigen Kreise auf dem Plan.
Hier noch eine Wortangabe: **traverser** [travɛrse] überqueren.

Damit ihr nicht in die falsche Richtung lauft, hier eine wichtige Information: Die drei Personen stehen mit dem Rücken zum *gare de l'Est*.

14 Impressions de Paris

► Regardez les photos:
Quels problèmes est-ce qu'elles montrent?
Ecrivez un petit texte pour chaque photo (zu jedem Photo).

Si vous voulez, vous pouvez utiliser ces mots:

ad 1:
les voitures,
bloquer,
le bruit,
être énervé,
les travaux *(Straßenarbeiten)*,
la pollution,
la catastrophe …

ad 2:
habiter,
un immeuble,
le bruit,
l'ambiance *(f.)*,
le loyer, le quartier,
moche …

1

2

Ex. 13: 1 **la gare de l'Est** [lagardəlɛst] – 2 **la gare du Nord** [...dynɔr] *zwei Bahnhöfe in Paris* – 3 **Flo** [flo] *Name einer Restaurantkette* – 4 **l'hôpital Saint-Louis** [...sɛ̃lwi]

15 ✔ *Auto-contrôle*

Hier könnt ihr wieder selbst überprüfen, was ihr könnt. Die Lösungen findet ihr auf Seite 96 eures *Cahier d'activités.*

[1. Les pronoms relatifs] (§§ 54, 55) ► Complétez le texte avec *qui / que / où / ce qui / ce que.*

1. Mme Kächele, la prof de français ________ a organisé le voyage, est très étonnée: Les élèves ________ elle a en classe ont appris beaucoup de choses en France. 2. Ce sont aussi les familles françaises ________ ont aidé les correspondants allemands à parler français. 3. ____________ a beaucoup plu aux élèves allemands, c'est la place du Tertre à Montmartre. 4. C'est l'endroit ______ tout le monde a pris des photos. 5. Pendant la visite du Sacré Cœur ________ les Allemands ont bien aimée, un homme a essayé de voler le sac de Katharina. Mais ça n'a pas marché. 6. Mme Kächele a préféré appeler la police _______ a demandé à Katharina de raconter __________ elle a vu. Bien sûr, cet homme n'est plus revenu.

2. Les pronoms adverbiaux *en* et *y* (§ 56)

► Complétez les dialogues. Faites des phrases avec *y* ou *en.*

Mettez les verbes au présent, au passé composé, à l'infinitif ou à l'impératif.

Exemple: *Une cliente*: Elles sont bonnes, vos pommes?

Le vendeur: __Mangez-en__ une, madame, vous allez voir.

1. *Un fils à sa mère:* J'ai fait mes devoirs. Je peux aller jouer au foot?

   La mère: Oui, __________ (aller).

2. *Une dame à sa voisine:* J'oublie toujours l'anniversaire de ma mère.

   La voisine: Eh bien, essayez d'__________ (penser) cette année.

3. *Un monsieur:* Je ne trouve pas de pantalons dans ce magasin.

   Sa femme: Alors, __________ (chercher) dans un autre magasin.

4. *Un garçon à son frère:* Tu as apporté tes BD au marché aux puces?

   Le frère: Oui, mais j'__________ (vendre) seulement deux.

5. *L'entraîneur au judoka:* Tu vas venir au championnat à Orléans?

   Le judoka: Non, je __________ (ne pas pouvoir participer) parce que nous avons une interro lundi.

3. L'impératif à la forme négative (§ 57) ► Exprimez autrement. (Drückt das anders aus.)

M. et Mme Legrand doivent partir pour deux jours. Avant leur départ, Mme Legrand dit à ses enfants:

Exemple: Il ne faut pas vous acheter de frites. → __Ne vous achetez pas de frites.__

1. Vous ne devez pas vous lever trop tard. → ____________
2. Il ne faut pas me regarder comme ça. → ____________
3. Vous ne devez pas nous attendre demain soir. → ____________

Les enfants répondent à leur mère:

4. Il ne faut pas t'inquiéter, maman. → ____________
5. Il ne faut pas nous téléphoner ce soir. → ____________

A Sur la route des vacances

1 A propos du vocabulaire

► Cherchez dans le texte A, page 114 de votre livre, les expressions du champ lexical *Sur les routes des vacances*. Ecrivez-les dans le schéma.

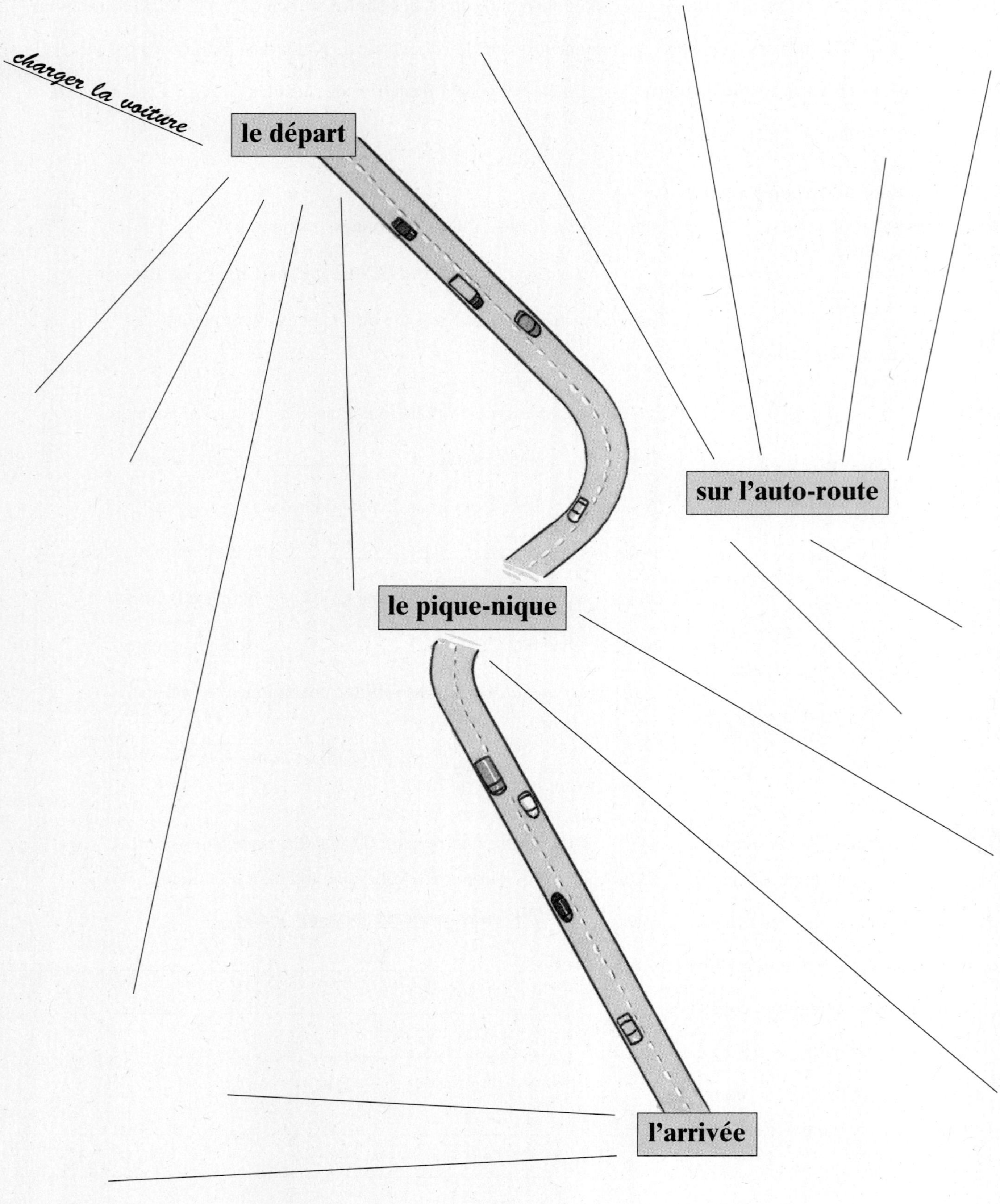

2 *A l'hôpital* (§ 61)

Simon est à l'hôpital.
Sa grand-mère lui téléphone.

ne … pas (2x) / ne … plus (1x) / ne … jamais (1x)
ne … rien (3x) / rien … ne (2x)
ne … personne (1x) / personne … ne (1x)

► Complétez le dialogue. Conjuguez les verbes. Mettez les phrases à la forme négative.

1. – Mon petit Simon, comment est-ce que tu vas?

   – Je *ne vais pas très bien*. (aller très bien)

2. – Mais pourquoi? Quelque chose t'énerve?

   – Non, ____________ (m'énerver), les gens sont sympa. Mais tu sais, ici,

   on ____________ (pouvoir faire) de la journée[1]. C'est mortel[2]!

3. – Tu peux lire un peu, regarder la télévision …

   – Je ____________ (avoir envie) de lire et depuis trois jours, je ____________ (avoir) de télé dans ma chambre. J'ai seulement une radio.

4. – Tu l'écoutes de temps en temps?

   – Non, je ____________ (l'écouter).

5. – Mais pourquoi? Il y a souvent des émissions culturelles très intéressantes.

   – Non, ____________ (m'intéresser).

6. – Quelqu'un est déjà venu te voir?

   – Non, ____________ (venir).

7. – Tu veux que je demande à tes copains de venir?

   – Non, je ____________ (vouloir voir).

8. – Mais, Simon, qu'est-ce que je peux faire pour toi?

   – Mamie, tu es gentille, mais tu ____________ (pouvoir faire) pour moi.

9. – Ecoute, mon petit, si tu ____________ (faire), rien ne va s'arranger[3]. Je monte dans le train et j'arrive.

3 *Traduisez.*

► Traduisez en français. Ecrivez dans votre cahier.

1. Heute fahren die Moreaus in die Bretagne, wo sie ihre Sommerferien verbringen werden.
2. Um Viertel nach neun beginnt der große Aufbruch.
3. Um diese Uhrzeit *(A cette heure-ci)* sieht man noch niemanden auf den Straßen des Viertels.
4. Aber auf der Autobahn gibt es viel Verkehr.
5. Nach Kilometern von Staus beschließen die Moreaus anzuhalten und zu picknicken.
6. Aber niemand hat an den Picknickkorb gedacht, und die Moreaus haben nichts zu essen.
7. Glücklicherweise kann man an den Tankstellen etwas zu essen kaufen.

Ex. 2: 1 **de la journée** den ganzen Tag (über) – 2 **mortel,le** [mɔrtɛl] *hier*: sterbenslangweilig – 3 **s'arranger** [sarɑ̃ʒe] sich bessern/(wieder) besser werden

4 Sur la plage (§ 60)

Dimanche matin, Julie est sur la plage. Un petit groupe de jeunes joue au frisbee. Le frisbee tombe juste sur sa tête.

a ► Retrouvez les questions. Utilisez l'interrogation par inversion.

1. – Oh, pardon, Mademoiselle! Je suis désolé. Êtes-vous (être) blessée[1]?

   – Non, non, pas du tout.

2. – Alors, ______________ (vouloir jouer) avec nous?
3. – Pourquoi pas. Moi, je suis Julie. On se dit «tu», ______________ (être) d'accord?

   – Bien sûr!

4. – Toi et tes copains, comment ______________ (s'appeler)?

   – Moi, je m'appelle Gildas. Lui, c'est Yann, et elle, c'est Nathalie, ma petite sœur.

5. – D'où ______________ (venir)? ______________ (être) d'ici?

   – On n'est pas d'ici, on vient tous les trois de Rennes[2]. On passe nos vacances à Concarneau.

6. – Où ______________ (habiter)? Moi, je suis avec ma famille dans une maison, près de la plage.
7. – Nous, on est au camping. Quand ______________ (arriver)?

   – Hier soir.

8. – Tiens. Tu vois la fille avec le pantalon rouge, là-bas. C'est une copine. ______________ (vouloir) faire sa connaissance[3]?
9. – Comment ______________ (s'appeler)?

   – Soizick. Une vraie fille de Bretagne.

10. – ______________ (jouer) aussi au frisbee?
11. – De temps en temps, oui. ______________ (lui demander) de jouer avec nous?

   – Bonne idée!

b A vous ► Gildas a présenté Julie à Soizick. Les deux filles se trouvent sympathiques et commencent tout de suite à discuter. Imaginez un petit dialogue entre les deux filles. Utilisez l'interrogation par inversion.

B Le journal de Julie

5 Un petit frère énervant[1] (§ 59, 63)

Julien, le petit frère de Pierrick, veut tout savoir.

a ► Complétez les questions de Julien.

> *Exemple: Julien:* Qui est-ce que tu as invité samedi soir?
> *Pierrick:* Des copains.

1. *Julien:* Et ______________ vient de te téléphoner?

   Pierrick: Une copine.

Ex. 4: 1 **blessé,e** [blɛse] verletzt – 2 **Rennes** [rɛn] *Stadt in der Bretagne* – 3 **faire la connaissance de qn** [...kɔnɛsɑ̃s] jdn. kennen (lernen)
Ex. 5: 1 **énervant,e** qui énerve

2. *Julien:* ______________________ elle s'appelle?

Pierrick: Julie.

3. *Julien:* ______________ elle est jolie?

Pierrick: Oui, moi, je la trouve jolie et très sympa.

4. *Julien:* ________________ tu es allé voir[1] hier soir?

Pierrick: Eh bien, je suis allé voir Julie.

5. *Julien:* Et ________________ vous avez fait?

Pierrick: On est sortis ensemble.

6. *Julien:* ________________ vous êtes allés?

Pierrick: On est allés au cinéma.

7. *Julien:* Et après, ________________ vous avez fait?

Pierrick: On est allés dans un café, on a bu un verre et on a parlé.

8. *Julien:* ______________________ vous êtes allés?

Pierrick: Dans le café du port.

9. *Julien:* Et ____________________ vous avez parlé?

Pierrick: On a parlé des petits frères qui veulent tout savoir et qui sont pires[2] que la police.

b Julien continue à poser des questions. Alors, Pierrick finit par trouver son petit frère vraiment trop énervant et il lui dit …
► Transformez les interrogations directes en interrogations indirectes.

	Est-ce que moi, je te demande
1. Avec qui est-ce que tu as joué?	1. *avec qui tu as joué*,
2. Qu'est-ce que tu as fait toute la journée?	2. ____________________,
3. Qui est-ce qui t'a appelé?	3. ____________________,
4. Est-ce que tu as rangé ta chambre?	4. ____________________,
5. Quand est-ce que tu es parti chez ton copain?	5. ____________________,
6. A quelle heure est-ce que tu es rentré?	6. ____________________,
7. Est-ce que tu as déjà fait tes devoirs?	7. ____________________,
8. A quoi est-ce que tu penses quand tu me poses ces questions idiotes?	8. et ____________________ ____________________?

Ex. 5: 1 **aller voir qn** jdn. besuchen (gehen) – 2 **pire que** schlimmer als

6 Quel temps fait-il?

Die Übung 6 findet ihr auf Seite 94 im Annexe.

7 A propos du vocabulaire (§ 62)

-ail	-al	-and
-ant	-ante	-eau
-eur	-euse	
-teur	-trice	

a ▶ Formez des mots.

1. un journ______
2. un march________
3. une vend__________
4. une profess_________
5. un cad__________
6. un surveill_________
7. un trav_______
8. un pann_________
9. une moni__________
10. une correspond__________
11. un bur_________
12. un direc__________
13. un chap_________
14. un hôpit______

b ▶ Mettez les mots.
de la partie ***a*** au pluriel.
Ecrivez-les dans les cases.

▶ Complétez avec les lettres des cases grises.

___ ___ ___ ___   ___ ___ ___   ___ ___ ___ ___ ___ ___ ___ ___ !

1 2 3 4   5 6 7   8 9 10 11 12 13 14 15

c *A vous* ▶ Cherchez des mots qui riment et faites-en un petit poème. Ecrivez-le dans votre cahier.

8 La voile, ça donne faim[1]! (§ 64)

C'est la nuit. Julie écrit dans son journal.

► Complétez le texte. Mettez les verbes au passé composé.

Mardi 23 juillet

1. A huit heures du matin, nous ______ (descendre) au port. 2. Là, Pierrick nous ______ (donner) notre matériel[2] et nous ______ (monter) sur les bateaux. 3. D'abord, on les ______ (sortir) du port avec le moteur[3], mais ensuite, nous ______ (monter) les voiles, et allez! 4. Nous ______ (rentrer) deux heures plus tard, trempés de la tête aux pieds, mais très contents … La voile, c'est génial! 5. On ______ (rentrer) tout le matériel et puis on ______ (aller) boire un verre au café du port. 6. Quand nous ______ (entrer) dans le café, j'______ (rencontrer) Gildas et Yann, les deux garçons de la plage. Très sympa! 7. Ce soir, nous ______ (sortir) ensemble. 8. Je ______ (rentrer) à la maison à minuit, je ______ (monter) sans bruit dans ma chambre, mais Olivier m'______ (entendre). 9. On ______ (redescendre) dans la cuisine et on s'est fait un petit repas: La voile, ça donne faim!

9 La recette[1] du far breton[2]

Il faut:

- 250 g de farine
- 250 g de sucre
- un peu de sucre vanillé
- 4 œufs
- un peu de sel
- 1 litre de lait
- 1 cuillère à dessert d'huile
- des pruneaux ou des raisins secs[3]

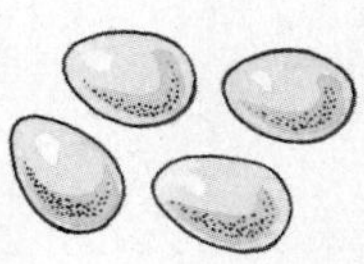

Préparation:

- Faites tremper[4] les fruits (pruneaux ou raisins secs) quelques heures dans du thé.
- Roulez[5]-les dans la farine.
- Mélangez[6] la farine, le sucre, le sucre vanillé, les œufs, le sel, l'huile.
- Ajoutez le lait petit à petit[7].
- Ajoutez les fruits.
- Mettez la pâte[8] dans un moule[9] bien beurré[10].
- Mettez le moule au four[11] pendant une heure (200°).

Ex. 8: 1 **donner faim** hungrig machen – 2 **le matériel** [ləmaterjɛl] das Material/die Ausrüstung – 3 **le moteur** [ləmɔtœr] der Motor

Ex. 9: 1 **la recette** [rəsɛt] das Rezept – 2 **le far breton** *breton. Kuchenspezialität* – 3 **des pruneaux ou raisins secs** getrocknete Pflaumen oder Rosinen – 4 **faire tremper qc** etw. quellen lassen – 5 **rouler** [rule] rollen/wälzen – 6 **mélanger** [melɑ̃ʒe] (ver)mischen/vermengen – 7 **petit à petit** nach und nach – 8 **la pâte** [pat] der Teig/die Teigmasse – 9 **un moule** [mul] eine Kuchenform – 10 **bien beurré** gut gefettet – 11 **le four** [fur] der Ofen

10 *Faites l'interprète.*

Du verbringst mit deinem Freund Lukas die Ferien auf einem Campingplatz bei Brest[1]. Kurz nach eurer Ankunft lernt ihr einen jungen Franzosen namens Cédric kennen. Leider spricht Lukas kein Wort Französisch.
Du musst dolmetschen.

Ton ami Lukas	Toi	Cédric
Frag Cédric, von wo er kommt.	1. ______	
	2. ______	Je viens de Nantes. Je fais du camping ici, avec des copains.
Frag ihn, was sie hier während ihrer Ferien (so) machen.	3. ______	
	4. ______	Quand il fait beau, on fait de la planche à voile ou on se baigne.
Und wenn das Wetter schlecht ist?	5. ______	
	6. ______	Alors, on fait du vélo, et quand il pleut, on va dans un café.
	7. ______	Tiens, avez-vous envie de venir à Brest avec nous demain après-midi. Il y a une grande fête dans la ville. C'est très intéressant.
Was ist (denn so) interessant?	8. ______	
	9. ______	18.000 marins[2] vont monter les voiles sur 2.500 bateaux. On peut partir en mer sur des vieux bateaux à voile. Il y a des concerts et un feu d'artifice …
Das ist aber toll. Gehen wir (doch) zusammen hin.	10. ______	

Ex. 10: 1 **Brest** [brɛst] *Stadt in der Bretagne* – 2 **un marin** [ɛ̃marɛ̃] ein Seemann

11 ✔ Auto-contrôle

Hier könnt ihr wieder selbst überprüfen, was ihr könnt. Die Lösungen findet ihr auf Seite 96 eures *Cahier d'activités*.

1. La négation (§ 61) ▶ Trouvez les réponses. Répondez à la forme négative.

Julie est à la maison, elle a attendu Pierrick, mais il n'est pas venu.

1. – Olivier, quelqu'un est venu cet après midi?

   – Non, ______________________________

2. – Quelqu'un m'a téléphoné?

   – Non, ______________________________

3. – Quand tu es allé au club de voile cet après-midi, tu as parlé à quelqu'un, Pierrick peut-être?

   – Non, ______________________________

4. – Où est mon livre? Tu l'as vu?

   – Ton livre, ______________________ Tu l'as peut-être oublié à la maison.

5. – Moi, je ____________________ mes affaires. Pas une seule fois!
6. – Mais qu'est-ce que tu as? C'est Pierrick qui te manque?

   – Ah toi, laisse-moi tranquille! Je ____________ et ______________________

   et surtout pas lui …

2. L'interrogation par inversion (§ 60)

Pour les vacances d'été, les Garrigue ont loué une petite maison en Normandie. Quelques semaines avant leur départ, Mme Garrigue téléphone à la propriétaire de la maison parce qu'elle a encore quelques questions.
▶ Posez des questions. Utilisez l'interrogation par inversion.

Mme Garrigue veut savoir …

1. si on peut louer des vélos, ______________________________
2. s'ils peuvent venir avec leur chien, ______________________________
3. s'il y a un garage. ______________________________

La propriétaire veut savoir …

4. quel jour les Garrigue vont arriver, ______________________________
5. s'ils viennent en voiture ou en train. ______________________________

3. Des interrogations directes et indirectes (§§ 59, 63)

Aurélie attend sa copine Florence dans un café. Un journaliste vient lui poser des questions.

a ▶ Complétez les questions.

1.– ____________________ t'intéresse dans la vie?	– La musique et la danse.
2.– ____________ est-ce que tu rêves?	– Je rêve du soleil et des vacances.
3.– ______________________ tu aimes?	– J'aime mes parents, mon frère, mes copains, …
4.– ____________ est-ce que tu penses quand tu entends le mot «pollution»?	– Je pense à l'air pollué.

b Quand Florence arrive, Aurélie lui parle des questions du journaliste: «Il fait un reportage sur les jeunes. Il va tout de suite revenir et te poser des questions. Il va te demander …»
▶ Continuez. Transformez les interrogations directes de la partie ***a*** en interrogations indirectes. Ecrivez-les dans votre cahier.

9 Les jeunes, qu'est-ce qu'ils font? *(§ 10,12)*

► Faites des phrases. Ajoutez les prépositions. **à de chez dans**

> Arbeitet zu zweit.
> 1. Schaut euch das Beispiel an und faltet den Bogen anschließend entlang der senkrechten Mittellinie.
> 2. **A-Seite:** Stelle deiner Mitschülerin/deinem Mitschüler die Fragen und kontrolliere die Antworten mit Hilfe der Lösungen in Klammern.
>   **B-Seite:** Antworte auf die Fragen deiner Mitschülerin/deines Mitschülers.
> 3. Wechselt nach einem Durchgang.

A	B
Exemple: Est-ce que Charlotte pose des questions **aux** profs? (Non, elle pose des questions **aux** jeunes.)	(… **aux** profs?) Non/poser des questions/les jeunes Non, elle pose des questions **aux** jeunes.
1. Est-ce que Florence est **au** collège? (Non, elle est **chez** Alice.)	(… **au** collège?) Non/être/Alice
2. Est-ce qu'Aurélie montre des photos **à** Olivier? (Non, elle montre des photos **à une** copine.)	(… **à** Olivier?) Non/montrer des photos/une copine
3. Est-ce que ce sont des photos **du** parc Citroën? (Non, ce sont des photos **de l'**Aquaboulevard.)	(… **du** parc Citroën?) Non/être/des photos/l'Aquaboulevard
4. Est-ce que Marc montre des CD **aux** copains de la 3e F? (Non, il montre des CD **à la** prof de musique.)	(… **aux** copains de la 3e F?) Non/montrer des CD/la prof de musique
5. Est-ce que Carole regarde un film **au** cinéma? (Non, elle rencontre des copains **à la** piscine.)	(… **au** cinéma?) Non/rencontrer des copains/la piscine
6. Est-ce que les copains sont **à un** concert de rock? (Non, ils discutent **dans** un café.)	(… **à un** concert de rock?) Non/discuter/un café
7. Est-ce que Frédéric joue **du** piano? (Non, il joue **de la** guitare.)	(… **du** piano?) Non/jouer/la guitare
8. Est-ce que Marc donne des BD **à** Olivier? (Non, il donne des BD **au** copain d'Alice.)	(… **à** Olivier?) Non/donner des BD/le copain d'Alice
9. Est-ce que Florence et Aurélie sont **dans** la cuisine? (Non, elles montrent le quartier **à une** copine.)	(… **dans** la cuisine?) Non/montrer le quartier/une copine

10 En salle 5, c'est le bazar[1]! (§ 11)

Qu'est-ce qu'il y a ...
ce sont ...
il y a ... c'est ...

Bei dieser Übung kontrolliert ihr euch gegenseitig.
Partner Ⓐ deckt die rechte, Partner Ⓑ die linke Spalte mit einem Papierstreifen ab.
Zuerst stellt Ⓐ den Zeichnungen entsprechend Fragen.
Ⓑ kontrolliert die Richtigkeit der Fragen und gibt den Zeichnungen entsprechend die Antwort.
Ⓐ kontrolliert die Richtigkeit der Antworten.
Dann tauscht ihr die Rollen.

A

Exemple:

Qu'est-ce qu'il y a, là, sur la table?
(Il y a une guitare.)
C'est la guitare de Marc?
(Non, c'est la guitare de Frédéric.)

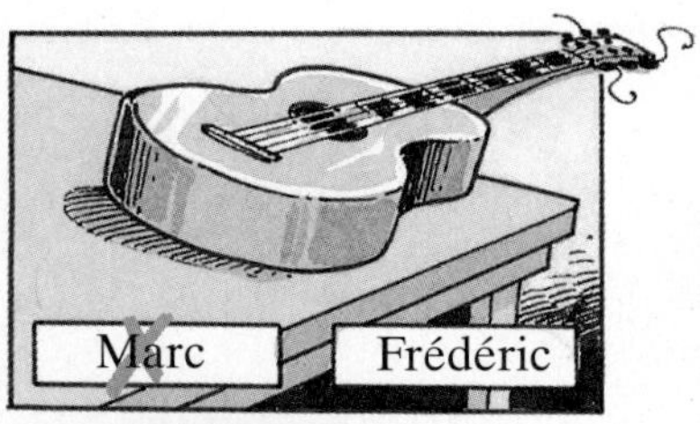

B

(Qu'est-ce qu'il y a, là, sur la table?)
Il y a une guitare.
(C'est la guitare de Marc?)
Non, c'est la guitare de Frédéric.

1. ?
(Il y a des croissants.)
?
(Non, ce sont les croissants d'Aurélie.)

(Qu'est-ce qu'il y a, là, devant l'ordinateur?)
•
(Ce sont les croissants d'Alice?)
•

(Qu'est-ce qu'il y a, là, sur le magnétophone?)
•
(C'est le frisbee de Christophe?)
•

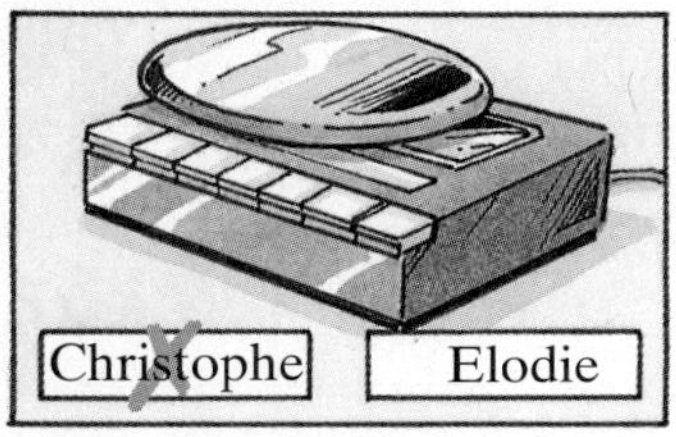

2. ?
(Il y a un frisbee.)
?
Non, c'est le frisbee d'Elodie.

3. ?
(Il y a des cassettes.)
?
(Non, ce sont les cassettes d'Olivier.)

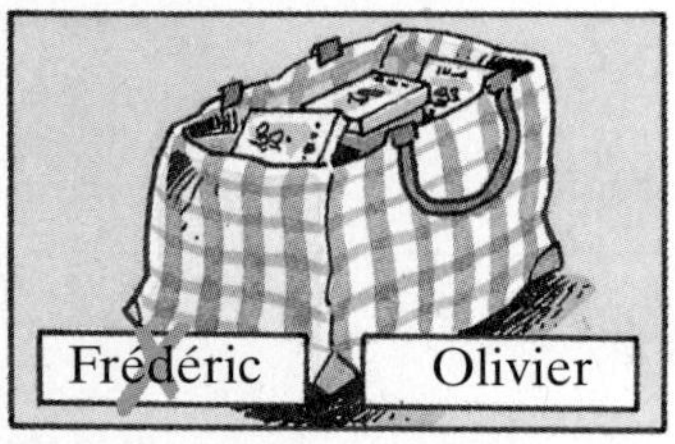

(Qu'est-ce qu'il y a, là, dans le sac?)
•
(Ce sont les cassettes de Frédéric?)
•

(Qu'est-ce qu'il y a, là, sur les BD?)
•
(Ce sont les stylos de Marc?)
•

4. ?
(Il y a des stylos.)
?
(Non, ce sont les stylos d'Alice.)

5. ?
(Il y a un appareil photo.)
?
(Non, c'est l'appareil photo de Marc.)

(Qu'est-ce qu'il y a, là, sur l'ordinateur?)
•
(C'est l'appareil photo d'Aurélie?)

(Qu'est-ce qu'il y a, là, devant le magnétophone?)
•
(Ce sont les photos de Marc?)
•

6. ?
(Il y a des photos.)
?
(Non, ce sont les photos de Florence.)

Ex. 10: 1 **le bazar** *(fam.)* [ləbazar] das Durcheinander/Chaos

4 L'anniversaire d'Olivier (§ 25)

le la l' lui leur

Dimanche, c'est l'anniversaire d'Olivier. Florence et Frédéric font des projets.
► Complétez le dialogue avec les pronoms objets.

> Arbeitet zu zweit.
> 1. Faltet den Bogen entlang der senkrechten Mittellinie.
> 2. **A-Seite:** Übernimm die Rolle von Frédéric und beginne das Gespräch.
> **B-Seite:** Übernimm die Rolle von Florence.
> Anhand der Lösungen in Klammern könnt ihr euch gegenseitig kontrollieren.

Frédéric (A)	**Florence** (B)
1. Dimanche, c'est l'anniversaire d'Olivier. Qu'est-ce qu'on ________ achète? (On va **lui** acheter le CD-ROM[1] sur le Paris de Louis XIV.)	1. (Qu'est-ce qu'on **lui** achète?) J'ai une idée: On va ________ acheter le CD-ROM[1] sur le Paris de Louis XIV.
2. Oui, mais est-ce qu'il ne ______ a pas déjà? (Non. Mais je pense qu'il va **l'**aimer beaucoup.)	2. (Oui, mais est-ce qu'il ne **l'**a pas déjà?) Non. Mais je pense qu'il va ______ aimer beaucoup.
3. Est-ce qu'on ________ prépare une fête? (Ah oui! On va **lui** faire une surprise.)	3. (Est-ce qu'on **lui** prépare une fête?) Ah oui! On va ________ faire une surprise.
4. Carole va peut-être nous aider. Il faut ________ parler de notre idée. (Oui, bien sûr. Je vais **la** rencontrer aujourd'hui.)	4. (Carole va peut-être nous aider. Il faut **lui** parler de notre idée.) Oui, bien sûr. Je vais _______ rencontrer aujourd'hui.
5. Moi, j'ai rendez-vous avec les copains dans la cave. Je vais ________ parler de la fête, ce soir. (Ecoute. On va faire la fête dans la cave. Je **la** trouve formidable pour ça.)	5. (Je vais **leur** parler de la fête, ce soir.) Ecoute. On va faire la fête dans la cave. Je ________ trouve formidable pour ça.
6. Et les parents d'Olivier? Il faut peut-être ________ demander s'ils sont d'accord. (Oui, c'est vrai! Je vais **leur** téléphoner ce soir.)	6. (Et les parents d'Olivier? Il faut peut-être **leur** demander s'ils sont d'accord.) Oui, c'est vrai! Je vais ________ téléphoner ce soir.
7. Les copains vont avoir faim. Qu'est-ce qu'on va ________ proposer? (Eh bien, on va **leur** préparer des pizzas et des salades.)	7. (Les copains vont avoir faim. Qu'est-ce qu'on va **leur** proposer?) Eh bien, on va ________ préparer des pizzas et des salades.
8. Et le CD-ROM, qui va ______ acheter? (Oh. Moi, je vais **le** faire. J'ai le temps samedi après-midi.)	8. (Et le CD-ROM, qui va **l'**acheter ?) Oh. Moi, je vais ______ faire. J'ai le temps samedi après-midi.

Ex. 4: 1 **un CD-ROM** [ɛ̃sederɔm] eine CD-ROM

13 En français: Des informations sur l'Alpe d'Huez

M. Fourier veut passer des vacances à l'Alpe d'Huez. Il téléphone à Mme Mazel, à l'office de tourisme, pour avoir des informations.

Arbeitet zu zweit.
1. Faltet den Bogen entlang der senkrechten Mittellinie.
2. Ihr führt einen Dialog. Eine/Einer von euch übernimmt die A–Seite, die/der andere die B–Seite. Übertragt jeweils den Inhalt der grauen Felder ins Französische und korrigiert die Antworten eurer Partnerin/eures Partners mit Hilfe der Lösungen in Klammern.

Du kannst mit dem Tandembogen auch **alleine** und **schriftlich** üben. Solange du dir eine Lösung für den ersten Satz von Teil A überlegst, hältst du die Lösung (in Klammern) auf der B-Seite mit einem Blatt zugedeckt. Deine Antwort kannst du auf das Blatt schreiben. Decke dann die Lösung auf, indem du das Deckblatt nach unten ziehst. So kannst du dich selbst kontrollieren. Dasselbe machst du dann für den B-Teil usw.

A – M. Fourier	B – Mme Mazel
1. Herr Fourier möchte wissen, ob man in Alpe d'Huez auch Langlauf machen kann.	(Est-ce qu'on peut faire du ski de fond à l'Alpe d'Huez?)
(Oui, oui. Il y a 49 kilomètres de pistes de ski de fond à l'Alpe d'Huez.)	2. Frau Mazel bejaht. Sie gibt an, dass es in Alpe d'Huez 49 km Langlaufpisten gibt.
3. Herr Fourier möchte ferner wissen, was es an Aktivitäten nach dem Skilaufen gibt.	(Qu'est-ce qu'il y a comme activités après le ski?)
(L'Alpe d'Huez est une station de ski moderne. Il y a par exemple une piscine et une patinoire. Les discothèques sont ouvertes jusqu'à deux heures du matin.)	4. Frau Mazel sagt, dass Alpe d'Huez ein moderner Skiort sei. Es gebe beispielsweise ein Schwimmbad und eine Eisbahn. Die Diskotheken seien bis 2 Uhr morgens geöffnet.
5. Herr Fourier hat noch eine Frage zur Unterkunft. Seine Familie bevorzugt ein kleines Hotel, weil sie letztes Jahr die Ferien in einem großen Hochhaus verbracht hätten.	(J'ai encore une question sur l'hébergement. Ma famille préfère un petit hôtel parce que, l'année dernière, nous avons passé les vacances dans un grand immeuble.)
(Ce n'est pas un problème. Il y a aussi des petits hôtels à l'Alpe d'Huez.)	6. Frau Mazel sagt, das sei kein Problem. Es gebe auch kleine Hotels in Alpe d'Huez.
7. Herr Fourier möchte wissen, ob man im April noch Ski fahren könne.	(Est-ce qu'on peut encore faire du ski au mois d'avril/en avril?)
(Mais bien sûr! L'année dernière, la neige est restée jusqu'au mois de mai. En plus, il y a trois cent quatre-vingt-cinq canons à neige.)	8. Aber natürlich. Frau Mazel sagt, dass der Schnee letztes Jahr bis Mai liegen geblieben *(rester)* sei. Außerdem gebe es 385 Schneekanonen.
9. Herr Fourier sagt, dass er zuerst seine Familie fragen müsse. Er bedankt sich für die Auskünfte und verabschiedet sich.	(Je dois d'abord demander à ma famille. Merci beaucoup pour les informations. Au revoir, madame.)
(Au revoir, monsieur.)	10. Frau Mazel verabschiedet sich ebenfalls.

6 Au marché

Arbeitet zu zweit.
1. Faltet den Bogen entlang der senkrechten Mittellinie.
2. Ihr führt einen Dialog. Eine/Einer von euch übernimmt die A–Seite, die/der andere die B–Seite. Übertragt jeweils den Inhalt der grauen Felder ins Französische und korrigiert die Antworten eurer Partnerin/eures Partners mit Hilfe der Lösungen in Klammern.

Erinnerst du dich noch, dass du mit dem Tandembogen auch **alleine** arbeiten kannst? Wenn nicht, schau dir noch einmal den Tipp auf Seite 91 an.

A: M. Bernard	B: Sophie
1. Herr Bernard fragt, wer jetzt an der Reihe ist.	(C'est à qui, maintenant?)
(C'est à moi.)	2. Sophie sagt, sie sei dran.
3. Begrüßt Sophie und fragt nach ihren Wünschen.	(Bonjour, Sophie. Qu'est-ce qu'il te faut?)
(Je voudrais des tomates, s'il vous plaît.)	4. Sophie hätte gerne Tomaten.
5. Wie viele?	(Combien?)
(Deux kilos.)	6. Zwei Kilo.
7. Gibt ihr die Tomaten und fragt, was sie noch wünsche.	(Voilà les tomates. Et avec ça?)
(Je voudrais encore des kiwis.)	8. Möchte noch Kiwis.
9. Gibt an, dass keine Kiwis mehr da sind. Aber die Orangen seien gut.	(Il n'y a plus de kiwis, mais les oranges sont bonnes.)
(Je n'aime pas les oranges. Combien coûtent les pommes?)	10. Sagt, dass sie keine Orangen mag, und fragt, was die Äpfel kosten.
11. Sie kosten 2 € das Kilo.	(Elles coûtent deux euros le kilo.)
(Ce n'est pas cher. Je prends un kilo de pommes.)	12. Findet das nicht teuer. Sie nimmt ein Kilo Äpfel.
13. Fragt, ob das alles sei.	(C'est tout?)
(Oui, c'est tout. Ça fait combien?)	14. Bejaht. Fragt, was es kostet.
15. Es macht 5,50 €.	(Ça fait cinq euros cinquante.)
(Voilà dix euros.)	16. Gibt Herrn Bernard 10 €.
17. Gibt 4,50 € zurück. Bedankt sich und verabschiedet sich.	(Et voilà quatre euros cinquante. Merci, Sophie, et au revoir.)

5 Acheter une télécarte

Arbeitet zu zweit.
1. Schaut euch zunächst noch einmal die Techniken zur Erläuterung unbekannter Wörter in eurem Schülerbuch auf Seite 104 und in Übung 4 auf Seite 72 eures *Cahier d'activités* an.
2. **A-Seite:** Du bist als deutsche(r) Austauschschüler(in) zu Gast bei einer französischen Familie.
   B-Seite: Übernimm die Rolle des/der französischen Austauschpartners/-partnerin.
3. Übertragt den Inhalt der grauen Felder ins Französische und korrigiert die Antworten eurer Mitschülerin/eures Mitschülers mit Hilfe der Lösungen in Klammern.

Erinnerst du dich noch, dass du mit dem Tandembogen auch **alleine** arbeiten kannst? Wenn nicht, schau dir noch einmal den Tipp auf Seite 91 an.

A	B
1. Du möchtest wissen, wie man nach Deutschland telefoniert.	(Comment on fait pour téléphoner en Allemagne?)
(Il faut faire le 00 et après le 49. Est-ce que tu as une télécarte?)	2. Du sagst, dass man die 00 und dann 49 wählen *(faire le …)* muss. Du fragst, ob er/sie eine *télécarte* hat.
3. Du hast die Frage nicht verstanden und bittest um eine Wiederholung.	(Je n'ai pas compris la question. Est-ce que tu peux répéter?)
(Est-ce que tu as une télécarte? Avec cette carte, on peut téléphoner sans pièces.)	4. Du wiederholst die Frage. Du fügst hinzu, dass man mit dieser Karte ohne Münzen *(pièces)* telefonieren kann.
5. Du möchtest wissen, ob man die Telefonkarten auch in einem Schreibwarengeschäft kaufen kann. Da du das frz. Wort für „Schreibwarengeschäft" nicht kennst, versuchst du, es zu definieren.	(Est-ce qu'on peut acheter les télécartes dans un magasin où on achète des cahiers, des stylos, etc.?)
(Non, il faut aller à la poste ou dans un café-tabac.)	6. Du verneinst und sagst, dass man zur Post *(la poste)* oder in ein *café-tabac* gehen muss.
7. Du verstehst *café-tabac* nicht und bittest um eine Erklärung.	(Je ne comprends pas très bien le mot «café-tabac». Qu'est-ce que ça veut dire?)
(Dans un café-tabac, on peut boire quelque chose, mais on peut aussi acheter des cigarettes, des timbres et des télécartes.)	8. In einem *café-tabac* kann man etwas trinken, aber auch Zigaretten *(des cigarettes)*, Briefmarken *(des timbres)* und Telefonkarten kaufen.

6 Quel temps fait-il?

Ihr übt wieder zu zweit. Eine/Einer von euch übt mit der A-Seite, die/der andere mit der B-Seite. Ihr wollt euch nach dem Wetter in Europa erkundigen. Deine Mitschülerin/Dein Mitschüler hat Informationen über das Wetter in einigen europäischen Städten, die dir fehlen und umgekehrt.

1. Faltet den Bogen entlang der senkrechten Mittellinie.
2. Erfragt das Wetter und die Temperaturen für die Städte, die grau unterlegt sind.
3. Tragt die Informationen in die Kästen ein und kontrolliert am Ende, indem ihr die andere Seite aufdeckt.

Hier noch einmal das wichtige Vokabular und die Erläuterungen der Symbole:

A

Quel temps fait-il à …?
Est-ce qu'il fait | beau à …? | mauvais à …? | chaud | froid

Quelle température fait-il à …?

A …, il (ne) fait (pas) | beau | mauvais | chaud | froid

A …
il pleut
il neige

il y a | du soleil | des nuages

il fait | 10 degrés | moins 10

Cologne  + 15°	Bruxelles
Marseille  + 21°	l'Alpe d'Huez
Moscou	Paris  + 16°
Berlin  + 13°	Nantes

B

Quel temps fait-il à …?
Est-ce qu'il fait | beau à …? | mauvais à …? | chaud | froid

Quelle température fait-il à …?

A …, il (ne) fait (pas) | beau | mauvais | chaud | froid

A …
il pleut
il neige

il y a | du soleil | des nuages

il fait | 10 degrés | moins 10

Cologne	Bruxelles 
Marseille	l'Alpe d'Huez  – 2°
Moscou  + 10°	Paris
Berlin	Nantes  + 14°

Auf dieser und der folgenden Seite findet ihr die Lösungen der Selbstkontrollübungen eures *Cahier d'activités.*

Leçon 1

13 ✔ Auto-contrôle Seite 8

1. sont, la, une
2. m'appelle (*oder:* suis), êtes
3. suis, des
4. aimes, la
5. adore, le, sommes, un, est, le
6. aime, la, les, est, une

Leçon 2

15 ✔ Auto-contrôle: Les verbes Seite 17

1. il cherche, vous cherchez, ils cherchent, Cherche, Cherchons
2. montrer, tu montres, on montre, nous montrons, elles montrent, Montre, Montrez
3. entrer, j'entre, tu entres, vous entrez, nous entrons, Entre, Entrez
4. machen, faire, tu fais, ils font, vous faites, Fais, Faisons
5. avoir, tu as, j'ai, nous avons, ils ont
6. sein, être, je suis, elle est, vous êtes

Leçon 3

13 ✔ Auto-contrôle: Chez mamie Seite 26

1. n'est pas, Elle a quel âge?, ans, six heures et demie, passe l'aspirateur, Si!
2. n'aime pas, midi, va, Quand est-ce qu' (*oder:* A quelle heure est-ce qu'), qu'est-ce qu'elle fait
3. où, n'habite plus, Pourquoi est-ce qu', n'a pas envie, n'a pas de
4. vont, six heures moins le quart, qu'est-ce qu'

Leçon 4

14 ✔ Auto-contrôle Seite 35

1. Les verbes

répondre: réponds, répond, répondons, répondent
prendre: prends, prend, prenons, prennent
lire: lis, lit, lisons, lisent
écrire: écris, écrit, écrivons, écrivent
dire: dis, dit, disons, disent, (*Sprechblase:* dites)

2. Le futur composé

1. allez faire
2. allons faire, vas jouer
3. vais aller
4. vont aller
5. vont visiter

3. Le discours indirect

1. tu es malade
2. Il dit qu'il va organiser une fête pour sa copine Julia, samedi soir.
3. Il dit qu'il va inviter ses copains de la 3e F.
4. Il demande si tu vas apporter tes CD de rock.
5. Il dit que vous allez (*oder:* ils vont) faire de la musique avec les copains du groupe «Avalanche».

Leçon 5

13 ✔ Auto-contrôle Seite 43

1. Les pronoms objets

1. la
2. l'
3. vous
4. l'
5. lui
6. me, me, te
7. leur

2. Les adjectifs

rétro, jolies, petites, intéressants, grands, petits, super, intéressants, agréable, sympa

3. L'infinitif complément du verbe

1. Olivier aide Aurélie à ranger la cuisine.
2. Il lui propose de faire les devoirs de maths ensemble.
3. Mais Aurélie n'a pas envie de travailler.
4. Elle veut aller au cinéma.

Leçon 6

15 ✔ Auto-contrôle: Une lettre pour Gilles Seite 52

1. toi, j'ai passé
2. j'ai dû travailler
3. Cela n'a pas été
4. nous avons reçu
5. Moi, j'ai eu
6. lui, il n'a pas eu
7. Il n'a pas pu, il a travaillé
8. eux, ont eu
9. toi
10. Je les ai montré**es**
11. toi
12. je suis allé**e**, j'ai commencé
13. Je suis rentré**e**
14. tes parents nous ont invité**s**

Leçon 7

15 ✓ Auto-contrôle: Un bon repas *Seite 61*

1. nous mangeons, Des, Une, Une
2. je préfère la
3. nous buvons
4. De la, du/des
5. tu achètes, les/des, on achète, les/des
6. je paie les, vous payez
7. je mets
8. mettre, commençons, les, en
9. des
10. en
11. les
12. nous préférons, –
13. des
14. la, de l'
15. de
16. des, – , une
17. d', acheté de
18. mangeons, –

Leçon 8

12 ✓ Auto-contrôle *Seite 69*

1. Le pronom interrogatif *quel*
1. Quel modèle est-ce que tu viens de voir?
2. Dans quelle usine est-ce que je vais aller?
3. De quels modèles est-ce que je vais faire des photos?
4. Dans quel garage est-ce qu'ils sont?
5. quel appareil photo

2. L'impératif avec un pronom
1. Demande-lui d'attendre une minute.
2. Laisse-les dans le garage.
3. Invite-le à regarder le nouveau catalogue.
4. Dis-lui que tu ne peux pas lui répondre. Et surveille-le: pas de photos!
5. Ferme-la à clé.

3. Les verbes de la leçon

a me tais, écrire, ne m'a pas entendu, s'est levée, a quitté

b **Il** m'a plu
Mais, il ne m'a pas cr**ue**
Il me plaît
Mais, moi, je me tais
Il me fait rire
Mais, moi, je n'ai pas le courage de lui écrire
Hier je l'ai **vu**
Mais, **il** ne m'a pas entend**ue**
Je me suis dépêch**ée**
Mais quand je suis arriv**ée**
Lui, il s'est levé
Comme ça **il** m'a quitt**ée**.

Leçon 9

15 ✓ Auto-contrôle *Seite 79*

1. Les pronoms relatifs
1. qui, qu'
2. qui
3. Ce qui
4. où
5. que
6. qui, ce qu'

2. Les pronoms adverbiaux *en* et *y*
1. vas-y
2. y penser
3. cherches-en
4. en ai vendu
5. ne peux pas y participer

3. L' impératif à la forme négative
1. Ne vous levez pas trop tard.
2. Ne me regardez pas comme ça.
3. Ne nous attendez pas demain soir.
4. Ne t'inquiète pas, maman.
5. Ne nous téléphone(z) pas ce soir.

Leçon 10

11 ✓ Auto-contrôle *Seite 87*

1. La négation
1. personne n'est venu
2. personne ne t'a téléphoné
3. je n'ai parlé à personne
4. je ne l'ai pas vu
5. n'oublie jamais
6. n'ai rien, personne ne me manque

2. L' interrogation par inversion
1. Peut-on louer des vélos?
2. Pouvons-nous venir avec notre chien?
3. Y a-t-il un garage?
4. Quel jour allez-vous arriver?
5. Venez-vous en voiture ou en train?

3. Des interrogations directes et indirectes

a
1. Qu'est-ce qui
2. De quoi
3. Qui est-ce que
4. A quoi

b Il va te demander **ce qui** t'intéresse dans la vie, **de quoi tu rêves, qui** tu aimes et **à quoi tu penses** quand tu entends le mot «pollution».